Descolonizar

Abrindo a história do presente

Boaventura de Sousa Santos

Descolonizar

Abrindo a história do presente

autêntica

Copyright © 2022 Boaventura de Sousa Santos

Todos os direitos reservados pela Autêntica Editora Ltda. Nenhuma parte desta publicação poderá ser reproduzida, seja por meios mecânicos, eletrônicos, seja via cópia xerográfica, sem a autorização prévia da Editora.

EDITORAS RESPONSÁVEIS
Rejane Dias
Ivana Jinkings

REVISÃO
Bruni Emanuele Fernandes
Daniel Rodrigues Aurélio

CAPA
Diogo Droschi
(Sobre aquarela de Mário Vitória.
A energia que cria mundos, 2022,
acrílico sobre tela, 180 x 140,5 cm)

DIAGRAMAÇÃO
Guilherme Fagundes

Dados Internacionais de Catalogação na Publicação (CIP)
(Câmara Brasileira do Livro, SP, Brasil)

Santos, Boaventura de Sousa
  Descolonizar : abrindo a história do presente / Boaventura de Sousa Santos ; tradução de Luis Reyes Gil. -- Belo Horizonte, MG : Autêntica Editora ; São Paulo, SP : Boitempo, 2022.

  Título original: Pós-colonialismo, descolonialidade e epistemologias do Sul.
  ISBN 978-65-5928-221-0 (Autêntica Editora)
  ISBN 978-65-5717-208-7 (Boitempo)

  1. Decolonialidade 2. Epistemologia 3. Epistemologia social 4. Pós-colonialismo I. Título.

22-129093   CDD-306.4

Índices para catálogo sistemático:
1. Epistemologia do Sul : Sociologia do conhecimento 306.4

Eliete Marques da Silva - Bibliotecária - CRB-8/9380

GRUPO **AUTÊNTICA**

Belo Horizonte
Rua Carlos Turner, 420
Silveira . 31140-520
Belo Horizonte . MG
Tel.: (55 31) 3465 4500

São Paulo
Av. Paulista, 2.073 . Conjunto Nacional
Horsa I . Sala 309 . Bela Vista
01311-940 . São Paulo . SP
Tel.: (55 11) 3034 4468

www.grupoautentica.com.br
SAC: atendimentoleitor@grupoautentica.com.br

BOITEMPO

Jinkings Editores Associados Ltda.
Rua Pereira Leite, 373
05442-000 . São Paulo . SP
Tel.: (11) 3875-7250 / 3875-7285
editor@boitempoeditorial.com.br

boitempoeditorial.com.br
blogdaboitempo.com.br
facebook.com/boitempo
twitter.com/editoraboitempo
youtube.com/tvboitempo
instagram.com/boitempo

7   *Prefácio*
    Para descolonizar o bicentenário

17 *Capítulo 1*
    Pós-colonialismo, descolonialidade
    e epistemologias do Sul

71 *Capítulo 2*
    Teses sobre a descolonização da história

97 *Capítulo 3*
    A ferida, a luta e a cura

105 *Capítulo 4*
    Ao encontro de outros universos culturais

113 *Bibliografia*

PREFÁCIO
Para descolonizar o bicentenário

Há 52 anos – 148 anos depois da Independência – cheguei ao Brasil na qualidade de estudante de doutoramento da Universidade de Yale para realizar o trabalho de campo numa favela do Rio de Janeiro, onde vivi vários meses. Tinha, àquela altura, duas imagens do Brasil. Uma era a que me tinha sido transmitida pelos meus avós, ambos imigrantes no Brasil, país de que contavam maravilhas: o país da beleza, da riqueza e das oportunidades sem limites. É certo que os dois regressaram a Portugal na penúria, mas isso não fora culpa do país. A outra imagem era a que me fora transmitida pelos cientistas sociais, sobretudo estadunidenses, e que eu tinha lido para preparar a minha tese de doutoramento. O Brasil das desigualdades, dos contrastes entre a miséria abjeta e a riqueza obscena, do subdesenvolvimento ou dependência, da instabilidade política, do povo iletrado, de falta de condições para a democracia. Entre as duas imagens, havia muito pouco em comum. Portugal vivia em ditadura civil há 44 anos, e o Brasil estava há seis sob uma ditadura militar que, em 1970, apertava o cerco aos democratas e se tornava cada vez mais repressiva e violenta.

Foi a partir das duas imagens, em boa parte falsas ou muito parciais, que eu fui construindo a minha vivência e a minha experiência do Brasil. Tive sorte. Comecei por conviver de perto com populações brasileiras que estavam ausentes de qualquer das imagens iniciais. Poupei, assim, o tempo de desaprender os preconceitos. Era gente digna obrigada a viver em condições indignas, plenamente humana apesar de tratada como sub-humana, vivendo na margem da sobrevivência ou um pouco acima, socialmente vulnerável e empobrecida apesar de trabalhar de sol a sol. Gente sofredora, mas capaz do riso, da alegria e da festa. Boa parte dela iletrada ou só com as primeiras letras, mas sábia a respeito da vida e da dignidade humana. E, sobretudo, reservada a respeito de tudo o que pudesse pôr em perigo a parca segurança que ia construindo dia a dia, em meio a inseguranças abissais, como a de estar viva hoje sem saber se estará viva amanhã, ou de ter comida para dar aos filhos hoje, mas não saber se a terá amanhã. Claro que houve delinquentes e "maus caratistas", mas eram a exceção e não a totalidade dos habitantes, ao contrário do que eu ouvira dizer os colegas brasileiros que estudavam comigo nos Estados Unidos e ficavam alarmados com a minha decisão de ir viver para uma favela, no "meio de marginais".

Foram essas populações que me deram o quadro de referência a partir do qual pude conhecer o Brasil. Mais do que isso, foram elas que me ensinaram que a sabedoria de vida se conquista com experiência e solidariedade, e não com títulos acadêmicos; que os seres humanos, mesmo nas condições mais adversas, não perdem a esperança, o desejo de transcendência e a aspiração de justiça; que há muitos conhecimentos, para além dos acadêmicos e científicos, muitas vezes nascidos nas lutas contra a opressão e a injustiça; que a solidariedade não é dar o que sobra, mas o que faz falta; que a sociedade injusta não é uma fatalidade; e que o amanhã não é um futuro abstrato – é o amanhã mesmo. Tudo isto foi uma aprendizagem do Brasil e com o Brasil, talvez um Brasil entre muitos outros Brasis. Afinal, cada país (e cada experiência concreta) é uma instância específica da infinita diversidade do mundo, uma diversidade que, paradoxalmente, se pode conceber igualmente como unidade – a unidade do diverso.

Passaram muitos anos e muitas mais experiências no Brasil em contextos e tempos muito distintos. O Brasil mudou muito, mas intrigantemente permaneceu o mesmo no sentido de produzir populações ausentes das imagens oficiais do país, e sobretudo das imagens projetadas pelas recentes celebrações do bicentenário da independência. As celebrações deste tipo são momentos em que se combinam dois excessos: o excesso de passado e o excesso de futuro. Consoante os promotores e suas orientações políticas, um dos excessos sobrepuja o outro, mas os dois estão sempre presentes. A exaltação do passado contém sempre a exaltante promessa do futuro, e vice-versa. Em ambos os casos, a celebração reproduz a história dos vencedores contada pelos vencedores. A imagem demiúrgica desses excessos é uma mistura das duas imagens abstratas com que comecei este texto. Há, pois, um Brasil ausente, um Brasil que é celebrado, mas não celebra, que é lembrado, mas não se recorda das lembranças que lhe atribuem, que é esquecido, mas não se esquece, que não se pode mobilizar pelo excesso de passado nem pelo excesso de futuro porque pura e simplesmente está demasiado absorvido por um excesso de presente, um presente tão excessivo que teme não sobreviver a ele. O Brasil ausente é, de fato, múltiplo.

O Brasil para quem Portugal não é um país irmão. Por que faz sentido o *tópos* retórico "Portugal e Brasil: dois países irmãos" e não faz sentido quando aplicado a qualquer dos países africanos que conquistaram a independência do colonialismo português? Pela simples razão de que, enquanto a independência do Brasil foi conquistada pelos descendentes dos colonos portugueses, a independência dos países africanos foi conquistada pelas populações originárias. Há, de fato, uma irmandade ou parentesco entre os protagonistas dos dois colonialismos que o Brasil viveu desde a sua fundação até hoje: o colonialismo histórico dos portugueses que ocuparam a colônia para se apropriar das suas riquezas, e o colonialismo interno que os descendentes dos portugueses e de outros europeus (por vezes, birraciais) mantiveram depois da independência, um colonialismo diferente, mas com algumas características muito semelhantes às do colonialismo original, tais como racismo, expropriação (roubo) de terras, extração desregulada dos recursos naturais, violência impune contra populações indígenas e afrodescendentes e até escravatura, que se manteve durante 66 anos depois da independência. As semelhanças são tantas que algumas populações continuam hoje a lutar pela independência que há de vir. E que não se pense que estamos a falar de um pequeno país ausente. Se juntarmos povos indígenas e quilombolas, camponeses e trabalhadores rurais sem-terra, trabalhadores sem direitos ou em condições análogas às de trabalho escravo, populações de favelas urbanas, populações sem abrigo, populações vítimas de múltiplas discriminações (porque são pobres, porque são negras ou indígenas, porque são mulheres, em suma, porque são corpos racializados e sexualizados), estamos a falar da maioria do povo brasileiro. Para estas populações, supostas irmandades com colonizadores externos ou internos são uma metáfora cruel da opressão injusta que continuam a sofrer. É como se os descendentes de Caim e os descendentes imaginados de Abel (que, de fato, não os teve) confraternizassem alegremente como se nada de trágico e violento se tivesse passado entre os dois irmãos bíblicos.

Condições para irmandades luso-brasileiras futuras. A história que nos prende é também a história que nos liberta. O passado só está fechado para quem se beneficia da injustiça que ele produziu e para quem desistiu de lutar contra a injustiça ou considera que não há injustiça na história, mas sim fatalidade e sorte. O passado é uma missão ou uma tarefa para os vencidos inconformados da história e para os descendentes dos vencedores dispostos a reparar as injustiças e as atrocidades em que a história se assenta e as quais oculta. O encontro destas duas vontades constitui o que designo por descolonização do bicentenário.

Descolonizar o bicentenário é partir de dois pressupostos. O primeiro é que o colonialismo não é uma condição do passado, é uma condição do presente. O colonialismo não terminou com a independência do Brasil; terminou apenas um tipo específico de colonialismo – o colonialismo histórico, de ocupação estrangeira. Com a independência, o colonialismo metamorfoseou-se e continuou sob outras formas, quer sob a forma do colonialismo interno, quer sob a forma de neocolonialismo por parte do ex-colonizador histórico. Ao nível mais profundo e resistente, o colonialismo é toda a degradação ontológica de um grupo humano por parte de outro: um dado grupo humano arroga-se o poder de impunemente considerar outro grupo humano como naturalmente inferior, quase sempre em função da pigmentação da pele (grupo racializado). Por isso, a ferida colonial, longe de estar sarada, sangra e dói no quotidiano de muitos corpos e almas. O segundo pressuposto é que o colonialismo é uma cocriação de colonizadores e colonizados. Feito de conflitos e cumplicidades, de violências e convivências, de aprendizagens e desaprendizagens recíprocas, por mais desiguais que as relações tenham sido. E como os criadores são também criaturas, o colonialismo moldou tanto os colonizadores como os colonizados. Isto significa que não é possível descolonizar sem descolonizar simultaneamente o colonizador e o colonizado, duas descolonizações recíprocas que, no entanto, envolvem tarefas muito distintas, tanto no plano simbólico-cultural como no plano das sociabilidades das formas de ser e de saber e no plano da economia política.

Nas colônias de povoamento, como foi o Brasil, descolonizar implica três tipos de tarefas a serem assumidas por três grupos sociais: os brasileiros descendentes dos portugueses e de outros europeus (colonialismo interno); os portugueses descendentes dos colonizadores históricos; e os brasileiros colonizados (indígenas e descendentes de escravos). Não cabe aqui analisar em detalhe as diferentes tarefas. Uma exemplificação basta. Entre as tarefas do primeiro tipo: luta contra o racismo e o privilégio da branquitude; fim da expropriação de terras de indígenas; reforma agrária e trabalho com direitos; luta contra o sexismo enquanto degradação ontológica gêmea do racismo; descolonização da educação; respeito e promoção da diversidade cultural e da interculturalidade. Entre as tarefas do segundo tipo: luta contra o racismo e o sexismo de que são vítimas imigrantes brasileiros; fim do neocolonialismo de governantes e intelectuais portugueses sob o pretexto da farsa dos países irmãos para quem o colonialismo nunca existiu; descolonização da história do colonialismo e da educação; luta contra o neocolonialismo da União Europeia. Entre as tarefas do terceiro tipo: passar da condição de vítima à de resistente, e da condição de resistente à condição de protagonista da sua história, da diversidade social e cultural e de relações interculturais, libertas do preconceito colonialista; desenvolvimento da autoestima por via da descolonização da educação. É um conjunto imenso de tarefas, mas a descolonização do bicentenário é um projeto tão urgente como infinito.

    Este livro pretende ser uma pequena contribuição para este projeto. O primeiro capítulo foi originalmente publicado no *Oxford Research Encyclopedia of Literature*.[1] A publicação original em língua inglesa condicionou a diversidade linguística e também a diversidade temática da bibliografia mencionada. O fato de não ter podido usar extensivamente sobretudo a bibliografia em língua portuguesa, espanhola ou francesa produziu algumas ausências flagrantes. Estou bem consciente delas. No caso do Brasil, os leitores e as leitoras que se debruçarem sobre os temas deste livro terão de complementar as leituras com as imprescindíveis contribuições de autores e autoras brasileiras para a construção de um pensamento não eurocêntrico radical, pensamento negro e indígena. Ainda que com o risco

---

[1] SANTOS, Boaventura de Sousa. Postcolonialism, Decoloniality, and Epistemologies of the South. *Oxford Research Encyclopedia of Literature*, 2021. Disponível em: https://bit.ly/3FQXDvd. Acesso em: 1 nov. 2022.

de cometer algumas omissões, considero imprescindível a leitura de: Luiz Gama, *Primeiras trovas burlescas* (1859); Maria Firmina dos Reis, *Úrsula* (1859); Machado de Assis, *Memórias póstumas de Brás Cubas* (1881); Lima Barreto, *Recordações do escrivão Isaías Caminha* (1909); Virgínia Leone Bicudo, *Estudo de atitudes raciais de pretos e mulatos em São Paulo* (1945); Alberto Guerreiro Ramos, *Introdução crítica à sociologia brasileira* (1995[1957]); Milton Santos, *Os Estudos regionais e o futuro da Geografia* (1953) e *Por uma geografia nova* (1996, 5 ed.); Clóvis Steiger de Assis Moura, *Rebeliões da senzala: quilombos, insurreições, guerrilhas* (1959) e *Sociologia do negro brasileiro* (1988); Carolina Maria de Jesus, *Quarto de despejo: diário de uma favelada* (1960); Abdias do Nascimento, *O genocídio do negro brasileiro* (1978); Márcio Barbosa, *Frente Negra Brasileira: depoimentos* (1998); Lélia Gonzalez, *Lugar de negro* (1982) e *Por um feminismo afro-latino-americano: ensaios, intervenções e diálogos*, com organização de Flávia Rios e Márcia Lima (2020); Maria Beatriz Nascimento, *Por uma história do homem negro* (1974); Carlos Benedito Rodrigues da Silva, *Da terra das primaveras à ilha do amor: reggae, lazer e identidade cultural* (1995); Luís Silva Cuti, *E disse o velho militante José Correia Leite: depoimentos e artigos* (1992); Maria da Conceição Evaristo de Brito, *Ponciá Vicêncio (2003)* e *Olhos d'água* (2014); Maria Aparecida da Silva Bento, *Pacto narcísicos no racismo: branquitude e poder nas organizações empresariais e no poder público* (2002); Luana Antunes Costa, *Pelas águas mestiças da história: uma leitura de* O outro pé da sereia *de Mia Couto* (2010); Sueli Carneiro, *Escritos de uma vida* (2018) e *Racismo: sexismo e desigualdade no Brasil* (2011); Dagoberto José Fonseca, *Você conhece aquela? A piada, o riso e o racismo à brasileira*

(2012); Joel Zito Araújo, *A negação do Brasil* (2000); Nei Lopes, *Enciclopédia brasileira da diáspora africana* (2004); Davi Kopenawa e Bruce Albert, *A queda do céu: palavras de um xamã yanomami* (2015); Djamila Ribeiro, *Lugar de fala* (2019) e *Pequeno manual antirracista* (2019); Zélia Amador de Deus, *Caminhos trilhados na luta antirracista* (2020); Nilma Lino Gomes, *O movimento negro educador* (2019) e *Um menino coração de tambor* (2021); Carla Akotirene, *O que é interseccionalidade?* (2018); Racionais MC's (Mano Brown Ice Blue, Kl Jay, Edi Rock), *Sobrevivendo no inferno* (1997); Muniz Sodré, *Pensar Nagô* (2017); Silvio Almeida, *Racismo estrutural* (2019); Ailton Krenak, *Ideias para adiar o fim do mundo* (2019) e *A vida não é útil* (2020); Lourenço da Conceição Cardoso, *Branquitude: estudos sobre a identidade branca no Brasil* (2018) e *O branco ante a rebeldia do desejo: um estudo sobre o pesquisador branco que possui o negro como objeto científico tradicional* (2020); Esmeralda Ribeiro e Márcio Barbosa (Orgs.), *Cadernos Negros: contos afro-brasileiros* (2020); Cláudia Cristina Ferreira Carvalho, *Segurança pública e população em situação de rua* (2020); Helena Silvestre, *Notas sobre a fome* (2021); Jurema Werneck, Global Fund for Women (2021); Muryatan Barbosa, *A razão africana* (2020); Cintia Cardoso, *Branquitude na educação infantil* (2021); Letícia Parks, Odete Assis e Carolina Cacau (Orgs.), *Mulheres negras e o marxismo* (2021); e Mariléa de Almeida, *Devir quilomba: antirracismo, afeto e política nas práticas de mulheres quilombolas* (2022).

De todo o modo e com essas limitações este livro representa um esforço no sentido de clarificar as convergências e divergências entre diferentes correntes que se reclamam de um pensamento pós-colonial.

O segundo capítulo foi originalmente publicado na revista indiana *Seminar*.[2] Constitui um convite para, a partir das teses apresentadas, questionar a narrativa hegemônica da história moderna e imaginar outras possíveis histórias guiadas por outras possíveis teses.

O terceiro capítulo aponta para as dificuldades em reparar na medida do possível os danos da injustiça histórica, sendo certo que muitos deles são consabidamente irreparáveis. Finalmente, sendo certo que a história que nos prende é também a história que nos liberta, o quarto capítulo identifica alguns dos estreitos, mas essenciais caminhos de reencontros realisticamente imaginados como zonas libertadas de opressão e dominação.

Agradeço o excelente trabalho do tradutor do primeiro e segundo capítulos e a revisão a cargo da minha assistente de há muitos anos, Margarida Gomes. Um agradecimento especial a Maria Paula Meneses. Agradeço o apoio bibliográfico a dois ex-estudantes meus e hoje colegas de cujo trabalho muito me nutro, Claudia Cristina Ferreira Carvalho e Lourenço da Conceição Cardoso. Este livro não seria possível sem a iniciativa e o incitamento de duas maravilhosas editoras, a Rejane Dias (Autêntica) e a Ivana Jinkings (Boitempo), que souberam transformar este pequeno livro num inovador projeto editorial colaborativo. Um agradecimento muito especial a elas.

---

[2] SANTOS, Boaventura de Sousa. Some Theses on Decolonizing History. *Seminar*, n. 743, p. 16-24, 2021. Disponível em: https://bit.ly/3NqTi3t. Acesso em: 1 nov. 2022.

CAPÍTULO 1
Pós-colonialismo, descolonialidade e epistemologias do Sul

Traduzido do espanhol por Luis Reyes Gil

Introdução

As três formas principais de abordar criticamente as consequências do colonialismo europeu nos modos de pensar e agir contemporâneos são o pós-colonialismo, a descolonialidade e as epistemologias do Sul. Convergem em realçar o sacrifício incomensurável da vida humana, a expropriação da riqueza cultural e natural, e a destruição – através da supressão, do silenciamento, da proscrição ou da desfiguração – de culturas e formas de saber não europeias. Os estudos pós-coloniais surgiram nos anos de 1960, no rescaldo da independência política das colônias europeias na Ásia e na África. Incidindo especialmente sobre as consequências econômicas, políticas e culturais da descolonização, sublinham as formas de dependência econômica pós-independência, subordinação política e subalternização cultural. Argumentam que, embora o colonialismo histórico tenha terminado (ocupação territorial e governo por um país estrangeiro), o colonialismo continuou sob diferentes disfarces.

Os estudos descoloniais surgiram na América Latina nos anos de 1990, sendo que a independência política dos países latino-americanos teve lugar no início do século XIX. Essas correntes analíticas assumiram que o colonialismo havia terminado, dando lugar à colonialidade, um padrão global de interação social que herdou toda a corrosividade social e cultural do colonialismo. A colonialidade é concebida como uma concepção racial abrangente da realidade social que permeia todos os domínios da vida econômica, social, política e cultural. Colonialidade é a ideia de que tudo o que difere da visão eurocêntrica do mundo é inferior, marginal, irrelevante ou perigoso.

As epistemologias do Sul, formuladas nos anos 2000 a partir da experiência do Fórum Social Mundial, visam nomear e destacar os saberes antigos e contemporâneos dos grupos sociais que resistiram ao domínio eurocêntrico moderno. Concebem a ciência moderna como um tipo de conhecimento válido (e precioso), mas não como o único tipo de conhecimento válido (e precioso); e insistem na possibilidade de interconhecimento e tradução intercultural. As epistemologias do Sul partilham com o pós-colonialismo a ideia de que o colonialismo não terminou. Contudo, insistem que a dominação moderna é constituída não só pelo colonialismo, mas também pelo capitalismo e pelo patriarcado. Tal como os estudos descoloniais, as epistemologias do Sul denunciam a destruição cognitiva e ontológica causada pela colonialidade, mas concentram-se na positividade e criatividade que emergem dos conhecimentos nascidos na luta contra a dominação e na forma como se traduzem em formas alternativas de conhecer e praticar a autodeterminação.

Demarcações ou distinções acadêmicas

Enquanto o desenvolvimento das disciplinas conduziu a especializações que se identificam por meio de adjetivações (por exemplo, biologia molecular ou biologia do desenvolvimento), a ascensão dos estudos interdisciplinares ao longo do século XX produziu uma multiplicidade mais labiríntica de designações, como no caso dos estudos pós-coloniais/descoloniais. As razões específicas dessa diversidade nem sempre são claras, mas podem apontar para diferenças tanto teóricas quanto políticas, ou então a lealdades, linhagens ou rivalidades acadêmicas, departamentais ou interdepartamentais de índole mais mundana. Nem seria preciso dizer que, a depender da escala conceitual (ou política) que se use, o substancial para alguns pode ser trivial para outros. Mas mais problemático ainda é o fato de que o que emerge como interdisciplinar pode com o tempo deslizar até o terreno do disciplinar, e assim converter-se numa nova disciplina. Tais coincidências e diferenças registram-se sobretudo em contextos acadêmicos do Norte global. Esses estudos irão contextualizar-se num cenário mais amplo do pensamento anticolonial pluriversal.

O trabalho acadêmico a respeito de pós-colonialismo e descolonialidade gira em torno das consequências ou repercussões do colonialismo europeu nos modos contemporâneos de pensar e atuar, tanto em nível social quanto em níveis político e cultural. No entanto, tais consequências e repercussões são formuladas de diferentes maneiras. Na análise das diferenças, é preciso levar em conta a advertência de Ania Loomba (2002, p. xiii), que afirma que

> [...] qualquer tentativa de simplificar, esquematizar ou resumir histórias e debates complexos contém sempre certa medida de reducionismo, e o estudo do colonialismo é especialmente vulnerável a esses problemas em razão das práticas e impactos heterogêneos que caracterizaram o colonialismo durante os últimos séculos.

Os estudos pós-coloniais são anteriores aos estudos descoloniais; até certo ponto, os segundos respondem ao que é percebido como deficiências dos primeiros. O quanto são fundamentais tais diferenças?

Para alguns acadêmicos, as diferenças relacionam-se principalmente com as tradições geopolítica e intelectual. Os estudos pós-coloniais foram desenvolvidos no período que se seguiu às independências dos anos 1960, mediante o questionamento dos alicerces culturais do eurocentrismo, paralelamente à reivindicação de contribuições locais ou nacionais ao conhecimento dito global. É o caso do Grupo de Estudos Subalternos, da Índia (GUHA, 1982),[3] assim como as reflexões críticas de diversos escritores africanos, tais como Chinua Achebe (1959) ou Okot p'Bitek (1966). A confrontação do projeto colonial em sua totalidade tornou-se precondição para teorizar a condição pós-colonial em si mesma.

---

[3] Ver o meu trabalho anterior sobre os Estudos Subalternos em SANTOS, 1995, p. 506-518; 2000, p. 340-354.

A colonização foi o acontecimento mais importante da nossa história desde os mais diversos ângulos [...] [à medida em que] a maioria dos problemas que vemos em nossa política derivam do momento em que perdemos nossa iniciativa nas mãos de outros, dos colonizadores (ACHEBE, 1982, p. 209).

Da mesma forma, o poeta e ensaísta Simon J. Ortiz (1981), de Pueblo de Acoma (Novo México, EUA), propôs que os escritores indígenas usassem o inglês como uma nova língua indígena, em vez de perpetuar o já desgastado clichê segundo o qual eles eram vítimas dessa mesma língua. Essas reflexões ganharam notoriedade com a obra de acadêmicos diaspóricos do Oriente Médio, do sul da Ásia e da África, como Edward Said (1978; 1993), Partha Chatterjee (1986), Gayatri Spivak (1987), Paul Gilroy (1993), Homi Bhabha (1994) ou Valentin Mudimbe (1988).

Os estudos descoloniais emergiram na América Latina nos anos 1990, em torno das obras seminais de Aníbal Quijano (1991; 2000), Silvia Rivera Cusicanqui (2012) e do Grupo Modernidade/Colonialidade.[4] Entre os nomes associados a eles, conta-se os de Enrique Dussel (1993; 2002), Edgardo Lander (2000), Walter Mignolo (2000; 2007), Arturo Escobar (2004), María Lugones (2010), Catherine Walsh (2009), Ramón Grosfoguel (2010), Santiago Castro-Gómez (2007) e Nelson Maldonado-Torres (2007), muitos deles também acadêmicos em diáspora. De acordo com estes autores, o colonialismo é "a lógica subjacente ao estabelecimento e desenvolvimento da civilização ocidental desde o Renascimento até hoje"

---

[4] A declaração fundacional do grupo foi publicada originalmente pelo Grupo Latino-Americano de Estudos Subalternos em 1993.

(MIGNOLO, 2011, p. 2). O enfoque descolonial expõe as ordens hierárquicas de índoles racial, política e social que o colonialismo europeu moderno impôs na América Latina, além de analisar o legado vivo do colonialismo: uma articulação de estruturas de poder e saber, estabelecidas sobre a base de raça e gênero, que sobreviveram ao colonialismo histórico e foram integradas às ordens sociais de princípios do século XXI. A região do Caribe também oferece algumas especificidades importantes, tal como é ilustrado pela adoção do conceito de crioulização. A condição crioula põe em relevo as qualidades de pluralismo e transformação que sintetizam a heterogeneidade das experiências culturais regionais.

Do Elogio da crioulidade[5]

> Nossa história é uma trança de histórias […]. Somos ao mesmo tempo Europa, África e estamos enriquecidos por contribuições asiáticas; também somos do Levante, índios, assim como americanos pré-colombianos em alguns aspectos. A crioulidade é "*o mundo difratado, mas recomposto*", um vórtice de significados num significado único: uma Totalidade (BERNABÉ; CHAMOISEAU; CONFIANT, 1990, p. 892, grifos do original).

Nessa região, as obras pioneiras de Frantz Fanon (1952; 1961) e Aimé Césaire (1955) foram continuadas por C. L. R. James (1963), Stuart Hall (1992), Édouard Glissant (1989; 1997), Sylvia Wynter (2003), Lewis

---

[5] Embora a palavra *crioulidade* tenha alguns significados específicos das Antilhas, esta citação se refere à crioulidade em linhas gerais. [N.T.]

Gordon (1995; 2015) e Jane Gordon (2014), entre outros.[6] Jean-Claude Carpanin Marimoutou e Françoise Vergès (2005), por sua vez, analisam as *crioulizações* do Oceano Índico.

Nesta vasta região, cabe destacar em grande medida o legado de W. E. B. Du Bois. Em várias de suas obras, como *The Study of the Negro Problems* [*O estudo dos problemas negros*] (1898) e *As almas do povo negro* ([1903] 2021), Du Bois interroga a condição do povo negro desde a formulação subjetivista de como é sentir ser um problema (em lugar de ter um problema), identificando a "linha da cor" como um abismo. A partir de outra perspectiva, considera-se que o principal enfoque dos estudos pós-coloniais é a economia política das relações entre colonizadores e colonizados depois da independência (com desenvolvimento dependente, comércio desigual, controle sobre os recursos naturais, tutelagem militar, alinhamentos internacionais, imperialismo), assim como o "retorno às fontes", nas palavras de Amílcar Cabral (1973, p. 57-69), um processo político fundamental:

> O valor da cultura como elemento de resistência à dominação estrangeira radica no fato de que a cultura é a manifestação vigorosa, em nível ideológico ou idealista, da realidade material e histórica correspondente à sociedade dominada ou a dominar. [Então, se] a dominação imperialista tem a necessidade vital de praticar a dominação cultural, a libertação nacional não pode ser senão um ato de cultura (CABRAL, 1979, p. 141-143).

---

[6] No período mais recente, a produção acadêmica pós-colonial/descolonial deste grupo centra-se na Associação Filosófica do Caribe.

Os estudos descoloniais põem foco nas estruturas de poder e saber que acompanharam a expansão europeia do século XVI em diante e que mantêm sua prevalência em nossos dias, tanto nas sociedades ex-colonizadas como nas ex-colonizadoras, imbuídas de arraigadas concepções eurocêntricas de diferenças e hierarquias raciais, de relações sociedade/natureza e de epistemologias exclusivistas. Mesmo quando os estudos descoloniais tenham se desenvolvido em departamentos de Humanidades e Ciências Sociais (a maior parte nos Estados Unidos), muitos acadêmicos filiados destacam o fato de que a cultura e a economia política estão entrelaçadas.

Em geral, os estudos pós-coloniais privilegiam, mais que os estudos descoloniais, o estudo da história – o período colonial, o pré-colonial e o posterior à independência – em sua análise das pressões neocoloniais que os ex-colonizadores exercem com vistas a manter o controle sobre os recursos naturais, o comércio e as finanças durante o período posterior à independência. De fato, uma das vozes mais antecipadas e proeminentes nesse sentido não veio da Índia (exceto pelas precoces advertências de Mahatma Gandhi), mas de Gana. Kwame Nkrumah denunciou o neocolonialismo em seu livro *Neo-colonialism: the Last Stage of Imperialism* [*Neocolonialismo: a última etapa do imperialismo*], de 1965. Na América Latina, as obras pioneiras de Pablo González Casanova (1965), Rodolfo Stavenhagen (1970), Rodolfo Kusch (1977) e Roberto Fernández Retamar (1995) originaram uma tradição de estudos pós-coloniais que se desenvolveu de maneira bastante independente em relação ao grupo de pensamento descolonial. Antes deles, tanto José Martí (2002), de Cuba (uma referência para Roberto Retamar), quanto José Carlos Mariátegui (2009), do Peru (uma influência fundamental na obra de Aníbal Quijano), merecem o crédito por suas precoces contribuições inovadoras à consciência pós-colonial da América Latina.

A partir de outra perspectiva, a principal diferença entre os estudos pós-coloniais e os descoloniais parece radicar no fato de que, enquanto os estudos pós-coloniais se baseiam em intelectuais europeus eurocêntricos (Jacques Lacan, Michel Foucault, Jacques Derrida) para criticar as linhagens colonialistas do saber e da política (tal como a maioria dos intelectuais se baseia em Homi Bhabha ou Gayatri Spivak), os estudos descoloniais promovem vozes subalternas. Isso lhes permite levar a cabo uma intervenção epistemológica que costuma estar ausente nos estudos pós-coloniais.

Por último, a partir de uma perspectiva da sociologia do conhecimento, cabe argumentar que as diferenças entre os estudos pós-coloniais e os descoloniais estão relacionadas, pelo menos em parte, com os diferentes tipos de colonialismo moderno. Enquanto os estudos pós-coloniais ocuparam-se principalmente do colonialismo na África e na Ásia, os estudos descoloniais mantiveram foco predominante no colonialismo das Américas.

Num nível mais profundo, a perspectiva baseada na sociologia do conhecimento também sugere a necessidade de levar em conta duas exceções na hora de delimitar terrenos acadêmicos. Em primeiro lugar, que a coisa antecedeu muito o nome. Já existia uma tradição de estudos críticos e transformadores antes que surgisse a urgência de catalogá-los como pós-coloniais ou descoloniais. Em segundo lugar, que nas Américas, no Caribe, na África, no Oriente Médio, na Ásia, na Australásia e na Europa há um vasto campo de estudos anticoloniais do colonialismo histórico que podem ser classificados como pós-coloniais ou descoloniais. Isso sugere a necessidade de relativizar a distinção e analisar as perspectivas com maior detalhamento. É desnecessário dizer que o debate sobre as diferenças entre os estudos pós-coloniais e descoloniais se tem limitado, em grande medida, às instituições acadêmicas do Norte global.[7]

O pluriverso dos estudos anticoloniais

A África abriga uma prolongada e vibrante tradição de estudos anticoloniais. No norte do continente, uma das suas principais figuras é Albert Memmi (1965, p. 194-195), que diz:

> Assim como para o colonizador, para o colonizado não há outra saída a não ser acabar completamente com a colonização. A rejeição por parte do colonizado não pode ser senão absoluta; isto é, não apenas uma revolta, mas uma revolução. [...] A colonização distorce as relações, destrói ou petrifica as instituições e corrompe os homens, tanto colonizadores quanto colonizados. Para viver, o colonizado necessita pôr fim à colonização. Para se fazer homem, precisa pôr fim ao ser colonizado em que veio a se transformar. Se o europeu deve aniquilar o colonizador que carrega dentro de si, o colonizado deve elevar-se acima de seu ser colonizado.

---

[7] O Norte global, uma hegemonia entrelaçada de conhecimento científico e poder econômico e militar, simboliza em nossos tempos um projeto imperial de dominação do mundo (SANTOS, 2019).

Após a independência da Argélia, Argel passou a ser um ponto de encontro para os movimentos de libertação de muitos países africanos, assim como para movimentos antifascistas de outras regiões do mundo (como Portugal, por exemplo).[8] Emergiu um animado fermento de ideias anticoloniais, com frequência em diálogo (nem sempre fácil) com Frantz Fanon. Era um tipo diferente de comunidade intelectual em diáspora, que também emergiu no Egito alguns anos mais tarde, na época de Gamal Abdel Nasser, bem como em Gana, assim que Nkrumah chegou ao poder. Da história à literatura, a reivindicação consistia em falar desde a África, e não a respeito da África (ACHEBE, 1964).[9] Nas palavras de Fanon (1961, p. 157), "para o colonialismo, este vasto continente [África] era a guarida dos selvagens, uma terra cheia de superstições e fanatismo, condenada ao desprezo, afligida pela maldição de Deus, uma terra de canibais: em resumo, a terra dos negros". A fim de superar este roteiro colonial, Achebe (1964, p. 84) propõe colocar à prova a capacidade da língua inglesa – uma língua colonial estrangeira – para dar conta da experiência africana pré-colonial (neste caso, da cultura Igbo): "Acredito que a língua inglesa será capaz de arcar com o peso da minha experiência africana. No entanto, precisará ser um novo inglês, ainda em plena comunhão com seu lar

---

[8] Naquele momento, Paris também representava um importante centro para o pensamento revolucionário.

[9] Na Índia, esta situação também havia sido exposta, anos antes, por Tagore (1954 [1913]), p. viii: "Para os estudiosos ocidentais, as grandes escrituras religiosas da Índia parecem possuir apenas um interesse retrospectivo e arqueológico; mas para nós são de importância viva, e não podemos deixar de pensar que perdem o seu significado quando exibidas em caixas rotuladas – espécimes de pensamento e aspiração humana, preservados para sempre nos invólucros da erudição".

ancestral, mas alterado para adaptar-se ao seu novo âmbito africano". Na África Subsaariana, a primeira geração de acadêmicos anticoloniais participou diretamente das lutas pela libertação, como foram os casos de Leopold Senghor (1961), Kwame Nkrumah (1965), Julius Nyerere (1968), Eduardo Mondlane (1969) e Amílcar Cabral (1973). As gerações subsequentes colocaram foco especialmente em reivindicar a história e a filosofia, como vemos nas obras de renomados intelectuais do porte de Joseph Ki-Zerbo (1972), Valentin Mudimbe (1988), Odera Oruka (1990), Paulin Hountondji (1997), Oyèrónkẹ Oyěwùmí (1997), Kwasi Wiredu (1998), Ifi Amadiume (2000), Mogobe Ramose (2002), Fatou Sow (2009) e Achille Mbembe (2003; 2013).

Entretanto, as ciências sociais passaram a ser um terreno crucial para os acadêmicos anticoloniais, na sua maioria membros do Conselho para o Desenvolvimento da Pesquisa em Ciências Sociais na África (em inglês, Council for the Development of Social Sciences in Africa – CODESRIA). As obras de Samir Amin (1974), Issa Shivji (1989), Mahmood Mamdani (1996), Claude Ake (1996), Amina Mama (1996), Zenebework Tadesse (2003), Kane (2003), Thandika Mkandawire (2005), Fatima Harrak (2008), Sam Moyo (2008), Maria Paula Meneses (2011), Francis Nyamnjoh (2016), Tshepo Madlingozi (2017), Souleymane B. Diagne (2018) e Sabelo Ndlovu-Gatsheni (2018) ilustram a vasta paisagem dessa corrente cujos inícios remontam aos anos 1970. Algumas contribuições desta imensa paisagem intelectual destacam-se por sua importância para a produção acadêmica do anticolonialismo global. Em primeiro lugar, a geração mais antiga desses acadêmicos revela em particular um profundo conhecimento do pensamento eurocêntrico. Valoriza-o não só como ferramenta de análise, mas também como modelo para a ação política. Ao mesmo tempo, questiona a suposta universalidade desse pensamento por meio de sua contextualização num vasto e diversificado campo de tradições intelectuais africanas. Seu traço mais notável é a capacidade de combinar características selecionadas das perspectivas eurocêntricas com suas contrapartidas afrocêntricas. Desses exercícios costumam emergir tanto o incomensurável quanto o complementar. Em segundo lugar, o pensamento anticolonial africano concebe a experiência histórica da África como uma singularidade (apesar de suas grandes diferenças internas) capaz de contribuir para uma melhor compreensão do mundo em linhas gerais, assim como para uma mudança social e política progressista que transcende o continente africano. Em terceiro lugar, a separação entre os estudos culturalistas e os político-econômicos tem sido menos determinante no que se refere a definir lealdades. A educação tem mostrado ser um dos terrenos mais propícios para o encontro de ambas as perspectivas. Em quarto lugar, a desilusão com os processos independentistas promoveu uma maior atenção às continuidades entre o período colonial e os tempos posteriores à independência. A denúncia de servidões neocoloniais, assim como das condições impostas pelo Banco Mundial e pelo Fundo Monetário Internacional (FMI) vão de mãos dadas com uma crítica radical da cooptação ou da corrupção dos dirigentes políticos, das estruturas estatais e da educação formal. Além disso, as vozes feministas africanas têm dado contribuições fundamentais para o pensamento acadêmico anticolonial. No caso da África do Sul posterior ao *apartheid*, o movimento

#Rhodesmustfall, ao lado da luta mais geral pela descolonização da universidade, tornou-se fermento para uma nova estirpe de pensamento acadêmico anticolonial (NYAMNJOH, 2016; SANTOS, 2017).

O pensamento acadêmico anticolonial da Índia encontra-se entre os mais ricos do mundo, mesmo que – com a parcial exceção do Grupo de Estudos Subalternos – não seja muito conhecido na academia do Norte global, incluídos aí os estudos pós-coloniais e descoloniais. A obra do eminente intelectual-ativista Gandhi paira sobre esta tradição, mesmo quando suas posições são polêmicas e contraditórias, circunstância que teve lugar numa época muito precoce da vida de Gandhi, como ilustram seus intercâmbios com Rabindranath Tagore e Ambedkar.[10] No entanto, as acusações de racismo em relação aos africanos negros movidas contra Gandhi, principalmente durante sua estadia na África do Sul, deslustraram sua reputação como acadêmico anticolonial (REDDY, 2016). Em consonância com o exemplo de Gandhi (1956; 2001), o pensamento acadêmico anticolonial mantém uma sofisticada e crítica compreensão da tradição intelectual ocidental, à qual recorre de maneira seletiva para incursionar em temas novos e inexplorados. Tal como Gandhi, a maioria dos acadêmicos que empreendem uma crítica epistemológica do conhecimento eurocêntrico transitam desde ali até a crítica da civilização. A partir de uma perspectiva psicológica, destaca-se a multifacetada obra de Ashis Nandy (1988; 1992), cuja crítica abrange um amplo espectro, desde a violência colonialista da separação entre

---

[10] Esta correspondência está disponível em: https://bit.ly/3Dt7uV6. Acesso em: 1 nov. 2022.

Índia e Paquistão, até as antinomias do desenvolvimento e das limitações da ciência moderna ocidental. De uma perspectiva antropológica, Shiv Visvanathan desenvolve uma crítica arqueológica das ideias sociais e políticas que adquiriram posição dominante após a independência. Visvanathan (1997) propõe um diálogo intercultural inovador entre a ciência ocidental e a ciência da Índia. De uma perspectiva sociológica, Peter Ronald DeSouza (2017) faz uma poderosa crítica da democracia da Índia nos tempos atuais, assim como da mentalidade colonial do país. Junto com Rukmini Bhaya Nair (2020), proporcionou-nos um excelente dicionário conceitual da Índia, que até hoje é o projeto mais ambicioso de provincialização da academia eurocêntrica.

Em outros contextos asiáticos, existe uma poderosa tradição de pensamento islâmico anticolonial, em cujo contexto se destaca a obra pioneira de Ali Shariati (1979). Sua iniciativa de desenvolver uma sociologia do Islão, assim como sua crítica do marxismo "e outras falácias" tiveram influência sobre gerações de acadêmicos. Syed Farid Alatas (2006) e Salman Sayyid (2014) oferecem uma potente crítica da modernidade ocidental a partir de uma perspectiva islâmica. O mais notável dessa tradição é seu ativo envolvimento com a religião, somado à reivindicação da diversidade e ao pluralismo no quadro do Islão.

A obra pós-colonial da australiana Raewyn Connell (2007) constitui um poderoso chamado a provincializar a produção teórica geral do Norte global, assim como a destacar o lado obscuro da destruição, da espoliação e da descontinuidade como elementos inerentes a ideias como o progresso, a integração e a criação de riquezas.

Passando de uma abordagem regional para uma abordagem temática, vale a pena mencionar que os escritores criativos e a crítica literária há muito abraçaram as perspectivas pós-coloniais. Inspirados em escritores criativos pós-coloniais como os senegaleses Léopold Sédar Senghor (1906-2001) e Cheikh Hamidou Kane (1928-), o martinicano Aimé Césaire (1913-2008), o sudanês Tayeb Salih (1929-2009), o nigeriano Chinua Achebe (1930-2013), o kiowa-estadunidense N. Scott Momaday (1934-) ou a nativa americana do laguna pueblo Leslie Marmon Silko (1948-), a teoria e a crítica de índole pós-colonial têm alcançado considerável desenvolvimento. Autores canônicos da tradição ocidental foram revisitados a partir de uma perspectiva pós-colonial, sobretudo Shakespeare. *A tempestade* é uma de suas obras mais estudadas, como seria de se esperar, mas vale a pena consultar *Postcolonial Shakespeares* [*Shakespeares pós-coloniais*] (editado por Ania Loomba e Martin Orkin, Nova York, Routledge, 1998). Aqueles que têm interesse em enfoques pós-coloniais da escrita criativa farão bem em começar por uma consulta a John McLeod, "Postcolonialism and Literature" ["Pós-colonialismo e literatura"], em *The Oxford Handbook of Postcolonial Studies* [*Manual de Oxford para estudos pós-coloniais*] (editado por Graham Huggan, Oxford, Oxford University Press 2013). Entre os mais influentes acadêmicos pioneiros desse campo (alguns deles também escritores criativos) contam-se Edward Said, *Orientalism* [*Orientalismo*] (Nova York, Pantheon Books, 1978); Edward Kamau Brathwaite, *The History of the Voice: The Development of Nation Language in Anglophone Caribbean Poetry* [*A história da voz: o desenvolvimento da língua nacional na poesia caribenha anglófona*] (Londres, New Beacon Books, 1984);

Gayatri Chakravorty Spivak, "Can the Subaltern Speak? Speculations on Widow Sacrifice" ["Pode o subalterno falar"] (1985), em *Marxism and the Interpretation of Culture* [*Marxismo e a interpretação da cultura*] (editado por Cary Nelson e Lawrence Grossberg, Basingstoke, Macmillan, 1988); Gloria Anzaldúa, *Borderlands/La Frontera: the New Mestiza* [*Borderlands/La Frontera: a nova mestiça*] (São Francisco, Spinster/Aunt Lute, 1987); e Édouard Glissant, *Poétique de la relation* [*Poética da relação*] (Paris, Gallimard, 1990).

Elementos comuns ou afinidades eletivas

A designação de tradições intelectuais costuma ser um exercício de poder acadêmico, que, às vezes, é uma forma muito trivial de poder, como o poder departamental. Longe de elucidar as diferenças ou semelhanças, esse exercício tende a obscurecê-las ainda mais. Uma abstração dos nomes e dos enfoques correspondentes às perspectivas analíticas ou teóricas subjacentes a esse universo pós-colonial/descolonial (ou melhor, pluriverso) permite identificar importantes sobreposições, ao passo que as diferenças com frequência são explicadas com referências à sociologia do conhecimento – o tipo de intervenção colonial nas tradições intelectuais preexistentes. Esta estratégia expande e diversifica o cânone sem deixar de destacar diferenças substanciais. A complementaridade torna-se, assim, tão visível quanto a contradição, o que constitui uma guinada urgente em todos os sentidos no quadro de um clima acadêmico desgarrado pela hostilidade reacionária (branca, racista, patriarcal, capitalista) contra esse tipo de estudos, a partir de um extremo, e por guetos acadêmicos que defendem agressivamente a pureza ou a autenticidade em matéria intelectual, a partir de outro extremo. Ambas as tendências, por maior que seja a assimetria entre seus poderes acadêmicos, destacam-se por sua exclusão acadêmica e política. Sobretudo nas universidades onde domina o conhecimento eurocêntrico, espreita o perigo de que as políticas orientadas a voltar às bases passem a focar na ciência e nas disciplinas, a fim de frear os estudos interdisciplinares ou minoritários de caráter supostamente ideológico. Provavelmente menos perigosa, mas desoladoramente inútil, é a tentação de empreender exercícios potencialmente infinitos de descolonização do pós-colonialismo ou de descolonização da descolonialidade.

Os denominadores comuns subjacentes a esses estudos são, por um lado, a iniciativa de expor o caráter provinciano da modernidade eurocêntrica supostamente universal e, por outro, a crítica radical ao impacto crucial do colonialismo na vida social, econômica, política e cultural mesmo muito depois de finalizado (ou quase, veja-se o caso da Palestina e do Saara Ocidental) o ciclo histórico do colonialismo por ocupação territorial estrangeira. Tanto para os estudos pós-coloniais quanto para os descoloniais, o colonialismo teve seu final como entidade histórico-política, mas continua (re)configurando as relações e os imaginários sociais. No entanto, enquanto os estudos pós-coloniais reconhecem as descontinuidades geradas pelos processos independentistas, os estudos descoloniais tendem a fazer salientar as continuidades, tal como expresso pelo conceito de colonialidade como uma mutação do colonialismo após as independências. Desde esse ponto de vista, os estudos descoloniais parecem ser mais radicais que os pós-coloniais em sua crítica à modernidade eurocêntrica. Por mais agônico que seja o foco nas descontinuidades e nas continuidades dentro desses estudos, sobretudo no contexto do Norte global, as lutas anticoloniais sempre estiveram muito atentas à inevitável presença de continuidades e descontinuidades.

Caberia argumentar que a produção acadêmica pós-colonial do Norte global se baseia mais em tradições intelectuais eurocêntricas (principalmente não marxistas ou pós-marxistas, como o pós-estruturalismo, a desconstrução e a psicanálise) do que os estudos descoloniais. No entanto, o certo é que estes últimos têm recebido uma forte influência do marxismo (pela teoria da dependência ou do sistema-mundo), mesmo quando pretendem descolonizá-lo. Seja como for, os estudos descoloniais tendem a incluir uma maior pluralidade de vozes na conversação acadêmica do Sul global.[11] Em linhas mais gerais, para os estudos descoloniais a modernidade eurocêntrica é intrinsecamente racista e, em resultado disso, escassamente resgatável, tal como evidenciado pelo conceito de *transmodernidade* proposto por Enrique Dussel (2002). No que concerne à posicionalidade, dado que a classificação étnico-racial é inerente às estruturas de poder do capitalismo colonial e

---

[11] Tal como entendo neste capítulo, o Sul global, uma categoria herdada pelas lutas terceiro-mundistas pela libertação, reflete uma constelação de aspirações políticas, ontológicas e epistemológicas cujos conhecimentos são validados pelo êxito das lutas contra o capitalismo, o colonialismo e o patriarcado. Consequentemente, trata-se de um Sul mais epistemológico do que geográfico, formado por múltiplas epistemologias que validam os conhecimentos nascidos dessas lutas, quer estas ocorram no Norte ou no Sul geográfico (SANTOS, 1995; 2007; 2014; SANTOS; MENESES, 2020).

da modernidade eurocêntrica, em vez de pensar a partir do final da modernidade, revela-se bem mais imperativo pensar *fora* dela. O pensamento descolonial supera o pensamento pós-colonial em seu questionamento dos dualismos cartesianos (humanidade/natureza, sujeito/objeto, alma/corpo) que ocupam o centro da modernidade eurocêntrica. Daí deriva a crítica radical aos modelos de desenvolvimento capitalistas. Por conseguinte, a crítica epistemológica é mais enérgica no coração dos estudos descoloniais. A isso cabe acrescentar que estes últimos transcenderam a crítica do poder e dos conhecimentos colonialistas para empreender uma crítica da ontologia colonialista (MALDONADO-TORRES, 2007). Os debates sobre os direitos das minorias e sobre o suposto "islamo-esquerdismo" põem em destaque com particular intensidade a natureza política do giro descolonial francês. Com a perturbação da crença nos valores supostamente universalistas da república francesa, o crescente interesse pelas ideias e teorias que ajudam a compreender a discriminação racial e as injustiças sociais e cognitivas da França contemporânea deu impulso a um pensamento reacionário que denuncia o assim chamado "islamo-esquerdismo". Num cruzamento das fronteiras ideológicas convencionais entre a esquerda e a direita, essa corrente combina a ansiedade diante do futuro que ela vislumbra com a nostalgia por um passado mais imaginado que real (GALLIEN, 2020).

Desafios dos estudos anticolonialistas

Passando por alto sobre o problema redundante da distinção entre os estudos pós-coloniais e descoloniais, um enfoque nas principais dificuldades enfrentadas por essas distintas linhagens de estudos anticolonialistas nas primeiras décadas do século XXI permite identificar seis grandes desafios: as antinomias do Sul epistêmico em diáspora, o problema das matrioskas, o problema dos estratos do colonialismo, a inércia ou vida excessiva das ideias dominantes, o eterno retorno da reação e as utopias realistas.

O primeiro desafio, *as antinomias do Sul epistêmico em diáspora*, diz respeito à autoria do anticolonialismo intelectual. Este desafio vai muito além do formulado por Gayatri Spivak no ensaio "Pode o subalterno falar?", no qual a autora questiona com razão a representação errônea do sujeito do terceiro mundo no discurso eurocêntrico. O que acontece quando, em lugar de uma representação errônea, há uma falta de representação, um ignorar, uma ausência? Em outras palavras, a noção do discurso eurocêntrico inclui também o discurso eurocêntrico descolonial e pós-colonial em diáspora? Com os discursos alheios ao do Norte global, emerge uma vasta paisagem de intelectuais, sujeitos teóricos "nativos como Spivak" que têm vindo a formular críticas radicais ao discurso eurocêntrico e oferecem perspectivas anticolonialistas alternativas. O discurso eurocêntrico (incluído o discurso eurocêntrico pós-colonial e descolonial), em vez de representá-los para nós de maneira errônea – como ilustrado, por exemplo, na obra de Ousmane Kane (2003) –, simplesmente ignorou-os, apagou-os. Em muitos casos, esse apagamento deriva de barreiras linguísticas, que podem estar relacionadas com línguas coloniais não hegemônicas, como o espanhol e o português, ou com línguas não coloniais. No entanto, num nível mais profundo, há uma insidiosa manifestação de apagamento ou ocultamento imperial, uma sociologia das ausências (Santos, 2007; 2014). Se incluirmos os conhecimentos não acadêmicos, populares, vernaculares ou arcaicos, o desperdício de experiência cognitiva é incomensurável: uma vasta *terra nullius* do intelecto. No fundo, o desafio consiste em encontrar a maneira de desenvolver uma consciência pós-colonial e descolonial dentro de instituições coloniais onipresentes, e fazê-lo mediante o recurso a línguas, narrativas e estereótipos coloniais (Mudimbe, 1988).

O segundo desafio, *o problema das matrioskas*, é uma alusão às bonecas russas encaixadas em sucessão, uma dentro da outra – uma metáfora para a dificuldade dos estudos anticoloniais para incluir na mesma visão a crítica da mentalidade colonizadora e a crítica da mentalidade colonizada, sem perder de vista a desigualdade e a assimetria. O colonialismo baseia-se na apropriação e na violência, mas também na cocriação e na coautodestruição. Com o passar do tempo (vários séculos), esse complexo entrelaçamento desenvolveu um vasto campo de espessas complexidades e cumplicidades em todos os níveis da vida social e suas interações, desde as instituições (como o direito e o Estado) até as práticas e os imaginários sociais, da reprodução material dos sustentos até os construtos mentais e disposições emocionais, do enquadramento e narração da resistência até a justificação do conformismo. Como resultado dessa sedimentação histórica, o colonizador e o colonizado, para além de tudo o que os opõe, são tão diferentes e tão similares quanto as matrioskas. Este foi um problema fundamental para os pioneiros dos estudos anticoloniais, como fica claro nas obras de Du

Bois (1898; 1903), Fanon (1952; 1961) e Memmi,[12] mas depois foi perdido de vista à medida que os acadêmicos foram centrando-se no colonizador como único alvo de sua crítica. Isso pode ser observado com posterioridade em relação às independências latino-americanas, e, mais recentemente, na Ásia e na África. A dependência neocolonial estabeleceu-se sobre a base de acomodações e colaborações.

Será que podemos atribuir essa perda de complexidade à natureza diaspórica dos estudos anticoloniais? Vale a pena mencionar que essa complexidade não escapou à análise crítica de uma geração mais recente de intelectuais e políticos africanos. Basta mencionar Thomas Sankara, o líder revolucionário de Burkina Faso assassinado em 1987. Sankara (2020) era muito consciente da política neocolonial implementada pela França com a cumplicidade de vários líderes africanos. Seu neopanafricanismo, combinado com a busca radical de uma verdadeira independência ("*la patrie ou la mort, nous vaincrons*"), inspirou um notável conjunto de políticas sociais progressistas durante seu breve período no poder (1983-1987), o que tragicamente custou-lhe a vida no quadro de um complô interno/externo muito similar ao que, em 1961, levou ao assassinato de Patrice Lumumba no Congo-Kinshasa.[13]

O terceiro desafio, *o problema dos estratos do colonialismo*, concerne à dificuldade para desentranhar a

---

[12] No prefácio de 1965 ao seu livro de 1957, Memmi diz: "A relação colonial que tratei de definir acorrentou o colonizador e o colonizado numa dependência implacável, moldou seus respectivos caracteres e ditou sua conduta [...]. Porque se a colonização destrói o colonizado, também faz apodrecer o colonizador" (MEMMI, 1965, p. 5; 13).

[13] Ver: https://bit.ly/3FzTxXS. Acesso em: 1 nov. 2022.

sobreposição e a mistura de diferentes estratos dentro do colonialismo e da colonização. Na longa duração da dominação moderna, o colonialismo pode ser concebido da maneira mais acertada como um palimpsesto formado por diferentes estratos de imposição colonial que, com o passar do tempo, neutralizam-se e se intensificam mutuamente. A complexidade resultante é feita de penosas linhas de fratura combinadas com cumplicidades, de quiproquós táticos (traição que se metamorfoseia em rendição e vice-versa), e tudo isso conduz ao desconforto do *métissage* numa era que demanda e exalta as demarcações inequívocas. Tomemos como exemplo o colonialismo português. Portugal foi um país pioneiro da expansão colonial europeia iniciada no século XIV e, ao longo de quatrocentos anos, controlou colônias em três continentes (África, América e Ásia), com um colonialismo tão violento quanto os demais. No entanto, por volta de fins do século XV, a sociedade portuguesa, junto com a sociedade espanhola e a do sul da Itália, passaram a ser vistas pelos europeus setentrionais de maneira muito similar ao modo como os colonialistas portugueses e espanhóis viam os povos nativos de outros continentes, isto é, como bárbaros, selvagens, ignorantes, sujos, lascivos, preguiçosos. Não só isso como, a partir do século XVIII, Portugal foi ao mesmo tempo o centro de um império colonial e uma colônia informal da Inglaterra. Essa matriz colonial é uma das características não expressas da Europa profunda, mas sua relevância é permanente e ressurgiu em 2011 com o manejo da crise financeira grega (junto com as de outros países da Europa meridional) por parte da União Europeia (Santos, 2002; 2013).

Outro exemplo é a chamada Reconquista da Andaluzia, levada a cabo pelos Reis Católicos de Castela em fins do século XV (García-Arenal; Wiegers, 2013). A queda definitiva de Al-Andalus ocorreu em 1492, no mesmo ano em que os espanhóis iniciaram a expansão colonial nas Américas; no entanto, as conexões entre a conquista da Andaluzia e a conquista das Américas vão muito além (Boyd-Bowman, 1973). A "Reconquista" implicou o desenvolvimento de um modelo de aquisição e concentração territorial associado à submissão de camponeses sem terra, mais tarde exportado para as Américas. Não só isso: muitos dos colonizadores espanhóis eram andaluzes e camponeses rurais. Essa intrincada implicação de práticas e cosmovisões colonizadoras e colonizadas constitui a substância de algumas investigações importantes (García Fernández, 2020).

O terceiro exemplo diz respeito a Goa, que hoje é um estado da costa ocidental da Índia. Goa foi governada pelos portugueses durante mais de 450 anos, até 1961, quando seu território foi integrado no estado da Índia. Essa integração não foi fácil, por motivos vinculados a religião, língua, castas e cultura. Quando o governo federal da Índia tomou estritas medidas visando apagar a herança portuguesa e completar a "indianização" de Goa, os goeses tomaram essas políticas como um ataque à sua identidade. Na realidade, sentiram-se incomodados com a ativa substituição da cultura colonialista portuguesa pela cultura colonialista britânica, totalmente forânea para eles e que prevalecia em outras partes da Índia. Sob essas circunstâncias, alguns grupos sociais de Goa (a maioria deles católicos) começaram a usar artefatos do patrimônio cultural português como parte de uma narrativa emancipadora anticolonial (Fernandes, 2020). Quantas outras instâncias desses complexos entrelaçamentos, ressignificações e reconfigurações de experiências e representações coloniais e anticoloniais existem no mundo?

O quarto desafio é a *inércia ou vida excessiva das ideias dominantes*. Podemos formulá-lo da seguinte maneira: apesar da longa trajetória da crítica ao eurocentrismo e da desacreditação intelectual das ideias e dos imaginários eurocêntricos, estes continuam dominando o discurso público e a trama da vida acadêmica. A inércia das concepções convencionais parece resistir com sucesso às críticas integrais, sólidas e aparentemente devastadoras que são produzidas em extensos círculos acadêmicos desde meados da década de 1960. Na história das ideias, são abundantes os casos de ideias que, embora amplamente desacreditadas, mantêm sua influência. Em que medida o fato de os estudos anticoloniais confrontarem o eurocentrismo num terreno específico e restrito (o terreno acadêmico), que no período moderno se assentou em estruturas conceituais e governamentais estabelecidas pelo eurocentrismo e embebidas em ideias eurocêntricas, contribui para a ostensiva blindagem destas últimas? Será possível atribuir também essa blindagem ao fato de os estudos anticoloniais terem se limitado, em sua maioria, a oferecer críticas, desconstruções e denúncias teóricas, epistemológicas e políticas do eurocentrismo, em lugar de alternativas construtivas positivas, tanto epistemológicas e metodológicas quanto no que concerne à política da vida real?

O quinto desafio pode ser designado como *o eterno retorno da reação*. Em seu período mais recente, os estudos anticoloniais emergiram dentro de um entorno acadêmico que tem aceitado em grande medida as ideias liberais de liberdade acadêmica (tanto no ensino como na investigação): o *secularismo*, um compromisso abstrato com os valores centrais das revoluções burguesas (liberdade, igualdade, fraternidade) e uma condenação meramente retórica do colonialismo histórico europeu. Essas crenças e esse sentido comum acadêmico eram considerados uma ilustração convincente do triunfo irreversível dos valores eurocêntricos centrais. A crítica empreendida por vários acadêmicos dos estudos pós-coloniais e descoloniais buscava mostrar o lado obscuro desse referido triunfo (RODNEY, 1973; MIGNOLO, 2000). No entanto, desde o ano 2000, a situação tem mudado de maneira drástica. Em quase todas as partes do assim chamado Norte global (mas também no Sul global), as políticas e ideias reacionárias se tornaram mais visíveis e agressivas, com um impacto que não se limitou à academia, mas também se estendeu à vida política e social.[14] Mais especificamente, essas ideias propõem concepções anti-igualitárias de supremacia racial e hierarquias autoritárias, exclusivistas e iliberais, tanto na política quanto na sociedade; defendem o racismo e o heteropatriarcado; e se destacam por suas apologias da política de extrema direita e do colonialismo histórico. Na maioria dos casos, a ideologia reacionária se apresenta sob a forma de visões apocalípticas e enfoques religiosos fundamentalistas. Em resumo, as ideias reacionárias são o catecismo ideológico que sustenta o desejo de voltar a um mundo pré-moderno. Tais correntes ideológicas, que ganham corpo na vida acadêmica, colocam sérios desafios existenciais para os estudos anticoloniais. De que maneira deve-se organizar a resistência para confrontá-las? A que

---

[14] Entendo por ideias reacionárias aquelas ideias que rechaçam todas ou quase todas as já mencionadas "crenças centrais" da condição moderna.

tipo de alianças é preciso recorrer, tanto dentro quanto fora da academia? Será preciso relativizar as divisões internas (por exemplo, entre os estudos pós-coloniais e descoloniais) para construir uma frente unida de oposição dentro da academia? Será que é necessário incluir nessa frente as correntes acadêmicas liberais eurocêntricas que até agora eram vistas como opositoras, mas que hoje encontram-se sob assédio? Por mais válida que continue sendo a crítica às concepções liberais dominantes da liberdade acadêmica, será que não há preocupações ou lutas comuns que valham a pena compartilhar nesses tempos turbulentos?

O sexto desafio são *as utopias realistas*. Os estudos anticoloniais têm desempenhado um papel decisivo e geralmente eficaz na crítica, na denúncia e na deslegitimização do pensamento colonialista eurocêntrico, assim como da devastação econômica, política e cultural que aquele trouxe emparelhada a si. A metodologia primordial desses estudos tem sido a desconstrução, sobretudo nos circuitos acadêmicos do Norte global. Muito menor tem sido seu interesse numa reconstrução que transcenda o terreno acadêmico, isto é, em maneiras alternativas de construir a sociabilidade anticolonial em níveis econômico, cultural e político. Em contraste com as primeiras gerações de intelectuais anticolonialistas, que também eram militantes políticos e estavam profundamente comprometidos com as lutas sociais e políticas contra o colonialismo, quase todos os representantes dos estudos pós-coloniais e descoloniais têm se limitado ao universo da academia e, no máximo, têm participado de lutas acadêmicas ou departamentais. Como se elude a maldição de recair na modernidade eurocêntrica quando o que se procura é fugir dela? Como se garante que o externo ao eurocentrismo não seja uma iteração mais da astúcia da razão modernista eurocêntrica? É possível definir o externo em termos que não sejam modernistas? A partir de que perspectiva? E que partes da modernidade estão arraigadas em outras tradições intelectuais? Se as interpretações populares, leigas e outras versões da sabedoria não acadêmica são, por definição, externas ao que se entende como pensamento científico, qual é a maneira de introduzi-las em conversações especialmente projetadas para refutar suas afirmações cognitivas? Existe um umbral além do qual nossas maneiras de pensar e de falar não podem senão trair e boicotar nossas melhores intenções políticas e intelectuais, por mais genuínas que sejam?

Lutas anticapitalistas, anticolonialistas e antipatriarcais: copresença e justiça cognitiva

Os estudos anticoloniais devem ser entendidos no contexto mais amplo da resistência contra o colonialismo. Daí que seja imperativo contar com uma concepção desse contexto mais abrangente para captar o significado político e intelectual dos estudos pós-coloniais e descoloniais. O colonialismo moderno é um componente integral da modernidade eurocêntrica, que por sua vez compreende três modos principais de dominação: o capitalismo, o colonialismo e o patriarcado.[15] Estes modos (e suas inter-relações) têm adotado diferentes formas ao longo

---

[15] Há outros modos de dominação/segregação, como o capacitismo, o senexismo ou discriminação por idade avançada, o castismo ou o fundamentalismo religioso, mas todos eles devem ser vistos em geral como modos satélite de dominação, já que tendem a acompanhar e reforçar os três modos principais da dominação.

do período moderno, mas estão intrinsecamente ligados, já que nenhum deles pode sustentar-se sem os outros (Santos, 2014; 2019). Tanto o colonialismo quanto o patriarcado existiam antes do capitalismo, mas foram reconfigurados como parte integral da dominação moderna (Loomba, 2002; Federici, 2018; Santos, 2019). Desde então, os três modos principais de dominação operam em uma estreita articulação em escala global. Tal articulação varia de acordo com a região e a época. Uma característica-chave do colonialismo moderno é a íntima relação entre o capital e a propriedade. A posse de terras é um componente central das narrativas coloniais fundacionais, enquanto sustenta e naturaliza a posse e a ocupação. De acordo com Brenna Bhandar (2018, p. 3), "se a posse de terras era (e continua sendo) o objetivo máximo do poder colonial, o direito de propriedade é o meio primordial para a realização desse desejo". Outra razão para a mencionada articulação estrutural é o fato de que o trabalho social livre que subjaz à dominação capitalista, baseado no princípio da igualdade formal entre os seres humanos, não se sustenta como pilar das formações sociais modernas sem a copresença de um trabalho social extremamente desvalorizado e não pago (Federici, 2018; Cavallero; Gago, 2021). Estas duas últimas formas do trabalho social são providas por seres humanos degradados do ponto de vista ontológico, quer se trate de corpos racializados ou sexualizados. Esses corpos são o domínio do colonialismo e do patriarcado. São o reino da sub-humanidade, a zona do não-ser, tal como foram designados por Frantz Fanon (1952). Daí que não haja capitalismo sem colonialismo e patriarcado. O final do colonialismo histórico (a ocupação territorial por parte de um país estrangeiro) não levou ao final histórico do colonialismo. Este se perpetua no início do século XXI sob novas formas, como o racismo, a xenofobia, a mão de obra escravizada, o confinamento e a deportação de imigrantes e refugiados, a apropriação de terras ou a expulsão massiva de comunidades camponesas em nome do desenvolvimento e de megaprojetos. A partir de uma perspectiva marxista que se estende desde Rosa Luxemburgo (2003), Vladimir Lênin (1977), Mariátegui (2009) e Nkrumah (1965) até David Harvey (2003; 2005), a contínua articulação do capitalismo com o colonialismo e o patriarcado é a manifestação da acumulação primitiva como condição permanente da acumulação capitalista.[16]

Como resultado, desde o século XVII predominam as sociedades capitalistas, colonialistas e patriarcais no Ocidente e suas colônias. Tanto os estudos pós-coloniais como os descoloniais são componentes intelectuais cruciais das lutas contra o colonialismo. Em geral, dá-se por certa a necessidade de que as lutas intelectuais se articulem com outros tipos de lutas anticoloniais. No entanto, à luz da articulação estrutural entre os três modos de dominação moderna, as lutas anticoloniais também devem articular-se com lutas anticapitalistas e antipatriarcais. De fato, as lutas sociais contra a dominação enfrentam um drama que pode ser sintetizado da seguinte maneira: enquanto os modos de dominação capitalista, colonialista

---

[16] Mais recentemente, Costa e Gonçalves (2020), em sua análise do Brasil, propuseram o conceito de *acumulação enredada*, inspirado no conceito de Therborn (2003) das *modernidades enredadas*, com o fim de captar o que a meu ver é a articulação permanente entre o capitalismo, o colonialismo e o patriarcado.

e patriarcal operam em estreita articulação, a resistência a eles caracterizou-se historicamente por sua fragmentação. Muitas das lutas anticapitalistas têm sido racistas e sexistas, enquanto muitas das lutas feministas têm sido racistas e capitalistas e, por último, muitas das lutas anticoloniais ou antirracistas têm sido sexistas e capitalistas.[17] Enquanto não se superar essa fragmentação, a dominação moderna continuará de pé, e as vitórias em um dos campos de luta tenderão a coexistir com derrotas em outros campos da luta (Santos, 2007; 2019).

Sob essa luz, duas condições inquietantes afetam os estudos anticoloniais. A primeira é a sua escassa articulação intelectual com os estudos anticapitalistas e antipatriarcais (Vergès, 2020). Isso contrasta com as lutas anticoloniais que tendiam a estar muito atentas às profundas articulações entre o capitalismo, o colonialismo e o patriarcado. Mesmo quando os estudos anticoloniais reconhecem suas raízes marxistas (que deveriam equipá-los com/para uma crítica anticapitalista), muitos deles tendem a rechaçá-las, ou a fracassar na transformação do impulso descolonizador do marxismo numa alternativa coerente que os empodere do ponto de vista teórico. Não conseguem pôr em prática as lições de Mariátegui, de Senghor ou de Nkrumah. No entanto, há, nesse sentido, uma ampla diversidade. Algumas correntes anticoloniais reconhecem a importância de situar o anticolonialismo no contexto mais amplo da crítica ao eurocentrismo, mesmo

---

[17] Refiro-me a tendências gerais. Sobretudo em tempos mais recentes, alguns movimentos de base contra o racismo e o sexismo têm se radicalizado. Quanto aos movimentos feministas de base, Federici (2012; 2018) e Vèrges (2020) oferecem panoramas e análises muito eloquentes dessa guinada para a radicalização.

quando não conseguem ater-se totalmente às implicações desse reconhecimento. Outras correntes, seja implícita ou explicitamente, veem o colonialismo como o fator crucial da dominação eurocêntrica, de uma maneira que em certo sentido se assemelha às correntes do feminismo radical, para as quais a dominação eurocêntrica gira em torno do patriarcado.

A segunda condição inquietante é o fato de os estudos anticoloniais se restringirem, em sua maioria, ao terreno acadêmico, onde terminam enredando-se nas típicas disputas escolásticas que caracterizam a vida esotérica dos departamentos convencionais. As lutas acadêmicas também são um tipo de luta social, mas há outros tipos de lutas sociais, e seu alcance é muito mais amplo. Elas têm lugar em todos os campos da vida social, econômica, política e cultural e recorrem a saberes que se afastam do conhecimento científico propriamente dito. Além do mais, essas lutas não podem se dar ao luxo de limitar-se à denúncia ou à crítica de uma determinada situação discriminatória e injusta. Estão mobilizadas ou comandadas por necessidades existenciais que requerem mudanças e alternativas para a vida real. O Fórum Social Mundial, reunido pela primeira vez em 2001, foi um poderoso alerta quando à relevância crucial dessas mudanças e alternativas (SANTOS, 2006).

Enquanto a articulação entre os diferentes modos de dominação não ocupar o centro de qualquer luta significativa, e enquanto os estudos acadêmicos anticoloniais não participarem de maneira efetiva nas lutas sociais da vida real, esses estudos tenderão a ser inócuos, inclusive dentro de seu próprio terreno, em sua crítica dos aparatos acadêmicos e intelectuais dominantes.

As epistemologias do Sul: da crítica à alternativa

Uma leitura atenta das *Teses sobre Feuerbach* demonstra que Karl Marx tinha em mente dois paradigmas do conhecimento (Marx, 1998).[18] Em primeiro lugar, o paradigma do conhecimento produzido após a luta: este era o paradigma dominante que ele criticava, e que derivava da filosofia hegeliana do conhecimento. De acordo com G. W. F. Hegel, a coruja de Minerva só levanta voo no crepúsculo; em outras palavras, o conhecimento emerge durante o tranquilo período de paz que sucede à resolução das lutas. O problema está em que, após as lutas, o único conhecimento que subsiste é o dos vencedores. A teoria social burguesa é o conhecimento dos vencedores, e este é o conhecimento geral que se produz e é ministrado na maioria das universidades modernas. O conhecimento dos filósofos, que era criticado por Marx, não era desinteressado; era um conhecimento orientado a evitar transformações sociais significativas. Em sua crítica, Marx antecipa outro paradigma do conhecimento: o paradigma do conhecimento anterior à luta. De fato, a teoria marxista foi concebida como uma teoria com a tarefa histórica de preparar a classe operária para deixar de ser uma classe *an sich* e passar a ser uma classe *für sich* – uma classe com consciência revolucionária de classe.

A imensa diversidade das lutas sociais desenvolvidas ao longo do século XX, assim como a pluralidade de coletivos

---

[18] As onze *Teses sobre Feuerbach* são breves notas filosóficas escritas por Karl Marx em 1845. Essas teses foram impressas pela primeira vez em 1888, como apêndice a um panfleto de seu colega intelectual Friedrich Engels.

em luta que não eram condizentes com o sujeito histórico de Marx sugerem a necessidade de contar com um terceiro paradigma do conhecimento: os conhecimentos nascidos na luta, isto é, as epistemologias do Sul (SANTOS, 2007; 2014; 2019).[19] O Sul é, neste caso, um conceito epistêmico não geográfico, uma metáfora dos conhecimentos nascidos na luta. A diversidade das lutas é uma fonte de abundantes saberes, de conhecimentos produzidos pelas classes e grupos sociais em sua resistência contra as injustiças estruturais e as múltiplas opressões causadas pela dominação moderna. Tais lutas e saberes confirmam que os três modos principais da dominação moderna são o capitalismo, o colonialismo e o patriarcado, os quais operam articuladamente. O marxismo, à medida que deu substância a grande parte dessas lutas ou então foi reinventado por elas, passou a integrar o terceiro paradigma do conhecimento, um tipo de conhecimento nascido da luta. Tal como no caso dos estudos anticoloniais, as epistemologias do Sul existem desde muito antes de terem recebido este nome. Para limitar-me ao século XX, a maioria dos líderes da libertação que atuaram por toda a extensão do mundo colonial revela-se, em suas obras e reflexões, como praticantes especialistas dessas epistemologias. Entre os especialistas mais importantes, cabe mencionar Gandhi, Mariátegui, Cabral, Fanon e o último Marx, isto é, o Marx da obra inédita posterior ao volume 1 de *O capital*.[20]

---

[19] Uma evidência adicional que prova a futilidade intelectual de estabelecer uma fronteira entre os estudos pós-coloniais e descoloniais é o fato de a minha proposta epistêmica ter sido categorizada alternativamente como descolonial e como pós-colonial (SUSEN, 2020, p. 26).

[20] Sobre as relações entre os estudos anticoloniais e as epistemologias do Sul, ver GROSFOGUEL (2011). Sobre a escrita de Marx posterior à

As epistemologias do Sul (ES) caracterizam-se por uma dupla indagação cognitiva, fundada na ideia de que não pode haver justiça social global sem justiça cognitiva global.

Por um lado, as ES promovem a recuperação dos saberes populares e vernaculares mobilizados nas lutas, que nunca foram reconhecidos pelo conhecimento científico ou acadêmico – quer se trate da filosofia, das artes ou das ciências humanas e sociais – como contribuições relevantes a uma melhor compreensão do mundo. Essa exclusão cognitiva ocupa o centro da exclusão social. Para limitarmo-nos a um só exemplo, a eliminação dos povos indígenas e de seus modos de vida (genocídio) foi sempre a outra face da destruição (a demonização, o apagamento) de seus modos de conhecimento (epistemicídio).[21] Por seu lado, as ES sustentam que as lutas sociais concretas costumam combinar diferentes tipos de conhecimento, como o popular ou vernacular e o acadêmico/científico (incluído o marxista). Para dar um exemplo, as lutas da Via Camponesa[22] pela soberania alimentar e a agroecologia combinam os saberes camponeses com conhecimentos agronômicos, bioquímicos, sociais e de saúde, e em muitos casos uma análise marxista da questão da terra (em particular, sobre a renda da terra). Essas articulações e combinações – ecologias de saberes – transformam mutuamente maneiras

---

publicação de *O Capital* (1867), que em grande parte ficou inédita, ver SHANIN (2018).

[21] A respeito do conceito de epistemicídio, ver SANTOS (2019, p. 8).

[22] Movimento social internacional que compreende organizações camponesas de todos os continentes.

diferentes de conhecer, à medida que se envolvem em diálogos orientados a fortalecer as lutas sociais contra a dominação.

As ES traçam um apaixonante roteiro para a investigação e o ativismo no quadro dos estudos pós-coloniais e descoloniais, assim como em qualquer outro tipo de empreendimento intelectual que se oponha aos modos atuais de dominação. Alguns dos pontos marcados nesse mapa são: a centralidade da luta como resistência à dominação e à opressão; a linha abissal e a sociologia das ausências; as ecologias e a sociologia das emergências; a oratura e a desmonumentalização do conhecimento escrito e arquivístico; a tradução intercultural e a artesania das práticas libertadoras (Santos, 2019).

A centralidade da luta como resistência à dominação. As lutas contra a dominação sustentadas pelas ES são aquelas ações coletivas que transformam até a menor margem de liberdade em uma oportunidade de libertação, ao mesmo tempo que aceitam os riscos dessa transformação. Fazem-no menos por escolha que por necessidade. Transformar uma mínima liberdade em libertação implica compreender que os limites da liberdade não são naturais nem fixos; estão impostos injustamente e podem ser deslocados. Em poucas palavras, são âmbitos em disputa. A vitória ou a derrota numa luta sempre termina por se traduzir num deslocamento dos limites. Daí que seja necessário distinguir entre a liberdade hegemônica e a liberdade contra-hegemônica. A primeira é uma liberdade heterônoma, uma liberdade autorizada por quem quer que tenha o poder de definir seus limites. É exercida à medida que se aceite a necessidade de atuar dentro de seus limites estabelecidos. A fim de evitar riscos, a liberdade autorizada sempre termina antes do que seus limites permitiriam caso fossem pressionados. Ao contrário, a liberdade contra-hegemônica é autônoma e emancipadora. Reconhece a força, mas não a legitimidade dos limites e, portanto, busca deslocá-los exercendo uma pressão máxima sobre eles a fim de superá-los tanto quanto for possível.

As lutas dos oprimidos adotam uma variedade infinita de formas. As mais óbvias são as lutas organizadas de maneira explícita e deliberada por grupos, organizações e movimentos sociais com vistas a eliminar ou aliviar uma determinada opressão que seja considerada injusta. Essas lutas, em geral, podem ser facilmente delimitadas no tempo e no espaço, têm protagonistas e adversários facilmente identificáveis, assim como termos claros de confrontação para todas as partes envolvidas. Esse tipo geral de luta pode ser desdobrado em vários subtipos, dependendo de suas escalas e horizontes temporais e espaciais, de seus níveis de confrontação, tipos de liderança, tipos de narrativas que lhes dão legitimidade, natureza pacífica ou violenta da luta, e assim por diante. Os diferentes subtipos requerem e geram diferentes tipos de conhecimento.

No entanto, há outras formas de luta que não se distinguem facilmente da vida diária levada pelos grupos sociais oprimidos. Como elas não ensejam uma confrontação direta nem formas abertas e declaradas de resistência, raramente são reconhecidas como ações políticas. James Scott (1985, p. 198) acertadamente as chama de "formas cotidianas de resistência", quando o que é confrontado é a dominação material; "transcrições ocultas", quando o que é confrontado é a dominação situacional;

e "desenvolvimento de subculturas dissidentes", quando o confrontado é a dominação ideológica.[23]

Essas formas de luta também pressupõem saberes que as sustentam e lhes conferem significado, como a consciência do sofrimento injusto, da arbitrariedade do poder e das expectativas frustradas; a análise crítica da situação real; a decisão sobre a maneira de resistir no contexto concreto levando a oposição até o limite sem uma confrontação direta; a cuidadosa ponderação de situações passadas, assim como de sua evolução; a antecipação do que pode ocorrer segundo a ação que for empreendida ou não. Tudo isso requer a aplicação de saberes complexos e especializados, estreitamente ligados aos mundos vitais daqueles para quem viver é lutar, porque só a luta garante a sobrevivência.

A linha abissal e a sociologia das ausências. Uma dimensão crucial da modernidade eurocêntrica é a ideia liberal segundo a qual os seres humanos são todos iguais, e, como resultado, a humanidade é um reflexo exato da comunidade existente. Desnecessário dizer, mas o pensamento liberal reconhece que os seres humanos não são empiricamente iguais, à medida que alguns são ricos e outros são pobres. Mas esse resultado empírico não refuta o fato de que, no nível abstrato, todos os seres humanos são iguais. No final das contas, as raças ditas inferiores não são compostas por seres humanos plenos ou completos. Esses seres são considerados sub-humanos, e por isso não teria sentido sequer compará-los com os seres humanos plenos.

---

[23] Scott (1985, p. 199) enfatiza com razão a relevância histórica dessas formas de luta e resistência quando diz que "uma perspectiva histórica longa permite comprovar que o luxo de exercer uma oposição política aberta e relativamente segura é tão raro quanto recente".

Entre os seres humanos plenos e os seres sub-humanos, é traçada uma linha abissal. Essa linha é tão radical quanto invisível. É a base que confere possibilidade e coerência a todas as outras distinções visíveis entre os seres humanos. Essa linha abissal é a ideia central subjacente às ES. Marca a divisão radical entre as formas de sociabilidade metropolitana e as formas de sociabilidade colonial, que tem caracterizado o mundo moderno desde o século XVI. Essa divisão cria dois mundos de dominação: o metropolitano e o colonial – dois mundos que, por mais gêmeos que sejam, apresentam-se como incomensuráveis. O mundo metropolitano é o mundo da equivalência e da reciprocidade entre "nós": entre aqueles que, como "nós", são plenamente humanos. Entre "nós" há diferenças sociais e desigualdades de poder que são propensas a criar tensões e exclusões; no entanto, de forma alguma questionam-se as equivalências e reciprocidades básicas entre "nós". Daí que essas exclusões não sejam abissais. São resolvidas por meio da tensão entre a regulação social e a emancipação social, assim como mediante os mecanismos que a modernidade ocidental desenvolveu para manejá-las, tal como o Estado liberal, o Estado de direito, os direitos humanos e a democracia.

Do mesmo modo, o mundo colonial, o mundo da sociabilidade colonial é o mundo "deles", aqueles com os quais não é possível imaginar uma equivalência ou reciprocidade, dado que não se tratam de seres plenamente humanos. Paradoxalmente, sua exclusão é tão abissal quanto inexistente, à medida que a possibilidade de sua inclusão é inimaginável. Eles estão do outro lado da linha abissal. A relação entre "nós" e "eles" não pode ser resolvida por meio da tensão entre a regulação social e a emancipação social, como ocorre deste lado da linha, no mundo metropolitano, nem por meio dos mecanismos pertencentes a esse mundo. Por mais que sejam invocados esses mecanismos, tais como o Estado liberal, o Estado de direito, os direitos humanos e a democracia, todos irão revelar-se totalmente ineficazes, quando não uma forma de engano. Do outro lado da linha, as exclusões são abissais e manejadas mediante a dinâmica da apropriação e da violência; a apropriação de vidas e recursos é quase sempre violenta, e a violência sempre aponta para a apropriação, seja de maneira direta ou indireta. Os mecanismos em jogo evoluíram com o tempo, mas mantêm-se estruturalmente similares aos do colonialismo histórico, isto é, àqueles mecanismos que envolvem a regulação violenta sem o contraponto da emancipação. Em outras palavras, o Estado colonial e neocolonial, o *apartheid*, o trabalho forçado e escravizado, a eliminação extrajudicial, a tortura, a guerra permanente, a acumulação primitiva do capital, os campos para a reclusão de refugiados, a "dronificação" do envolvimento militar, a vigilância das massas, o racismo, a violência doméstica e o feminicídio. A luta contra a apropriação e a violência é a luta para libertar-se totalmente da regulação social colonial. Em contraste com a luta pela emancipação social que se desenvolve no lado metropolitano da linha abissal, a luta pela libertação não aponta para uma forma melhorada e mais inclusiva da regulação colonial. Aponta, antes, para a sua eliminação. A prioridade epistemológica que as ES outorgam às exclusões abissais e às lutas contra elas deve-se ao epistemicídio causado pelas ciências modernas eurocêntricas, que foi muito mais devastador para o outro lado da linha abissal, à medida que a violência e as apropriações coloniais se converteram na forma colonial de regulação social. As teorias críticas modernas reconheceram os diferentes graus de exclusão, mas negaram-se a considerar qualitativamente os diferentes tipos de exclusões, e com isso não refletiram consciência alguma da linha abissal. Isso não quer dizer que as exclusões não abissais e que as lutas contra elas careçam da mesma importância. Na realidade, a luta global contra a dominação moderna não pode ser bem-sucedida se não incluir a luta contra as exclusões não abissais. Estas últimas beneficiaram-se de uma grande quantidade de investimento cognitivo por parte do pensamento crítico eurocêntrico, e as lutas dos últimos quinhentos anos contra elas alcançaram uma visibilidade política muito maior. Da perspectiva das epistemologias do Sul, as exclusões não abissais e as lutas contra elas ganham uma nova centralidade, uma vez que se reconheça a existência da linha abissal.

Ecologias de saberes e sociologia das emergências. O mundo científico dominante, que é eurocêntrico e monocultural, é posto em questão cada vez que se demonstra de maneira crível que os modos de ser e atuar considerados irrelevantes e, portanto, ausentes foram assim categorizados apenas por não atenderem aos critérios dominantes impostos sobre eles. A desacreditação de critérios envolve um movimento tanto epistemológico quanto político: o fortalecimento mútuo das ES e das lutas sociais contra a dominação. À medida que o vitimismo é substituído pela resistência, as potencialidades e possibilidades de transformação social anticapitalista, antipatriarcal e anticolonialista emergem em vastos campos de experiências sociais que antes haviam sido descartados e agora foram recuperados. Tais potencialidades são o que Ernst Bloch

(1995) designou de "ainda não" e o que eu chamo de "sociologia das emergências": zona liberada, apropriações contra-hegemônicas e ruínas-sementes (Santos, 2019, p. 55-58). De diferentes maneiras, cada uma delas contribui para desnaturalizar e deslegitimizar as monoculturas do senso comum eurocêntrico. Enquanto a sociologia das ausências mostra e denuncia o desperdício de experiências sociais causado pela dominação capitalista, colonialista e patriarcal, a sociologia das emergências mostra, ressignifica e reavalia modos alternativos de pensar, conhecer e atuar. Uma imensa diversidade de experiência social torna-se visível e crível e, como tal, habilitada a formar parte de uma conversação mais ampla no seio de uma humanidade potencialmente pós-abissal. Aqui reside a passagem de uma perspectiva monocultural para as ecologias, que implica aceitar e celebrar o desafio de lidar com a copresença de diversas maneiras de conhecer, de diferenças e reconhecimentos, de temporalidades etc.

A oratura e a desmonumentalização do conhecimento escrito e arquivístico. Com seu enfoque nos conhecimentos nascidos na luta contra as formas modernas de dominação, as ES participam dos saberes suprimidos, descartados ou simplesmente ignorados pelas epistemologias dominantes como maneiras de conhecer (não conhecimentos reais) que são adotadas pelos perdedores da história, também chamados de "classes perigosas" (Chevalier, 1958). Em resumo, os conhecimentos merecidamente não reconhecidos. A maioria desses conhecimentos são orais, mesmo quando existe uma versão escrita, e crescem e evoluem como uma mera dimensão de práticas sociais não cognitivas. Podem consistir em canções, poemas, contos, sabedoria vernácula. São conhecimentos reais? De acordo com a monocultura do saber e do rigor do saber, não. Esta última consiste no conhecimento escrito que é disseminado por meio da escritura, tendo a escritura condição de rigor e monumentalidade. Esse conhecimento é rigoroso porque oferece uma versão unívoca, a versão escrita no texto e escrita numa língua determinada que fixa sua matriz; é monumental porque, tal como os monumentos, a escritura é perdurável, e assim se mantém distante das práticas cotidianas. Além disso, por que prestar atenção aos modos de conhecimento dos grupos que não cumpriram com os critérios estabelecidos pelas monoculturas modernas? Enquanto esses conhecimentos não servirem os propósitos de apropriação e violência, são tão descartáveis quanto os povos que os albergam.

Para as epistemologias do Sul, esse é o grau zero da inconformidade. Uma manifestação eloquente dessa inconformidade é o conceito de *oratura*, cunhado pelo linguista ugandês Pio Zirimu para dar à expressão oral o mesmo status da expressão escrita (Gurr; Zirimu, 1971). Mas as dificuldades não se dissolvem com meros conceitos, por mais eloquentes que sejam. Em primeiro lugar, um empreendimento opositor que indaga em objetos supostamente inexistentes e indignos requer justificação, e esta, em última instância, é menos epistemológica que política. Em segundo lugar, a recuperação de conhecimentos que não existem separados de outras práticas (não cognitivas) só pode ser lograda por meio de metodologias não extrativistas, tão difíceis de conceber como de aplicar. Em terceiro lugar, a meta última das ES consiste em construir ecologias de saberes. O conhecimento subalterno não é uma categoria monolítica homogênea. As diferentes lutas de distintos contextos sociais e históricos, empreendidas por diferentes povos que resistem, geram distintos conhecimentos, entre os quais abundam conflitos. Além do mais, as ecologias de saberes também podem envolver conhecimentos científicos e outros saberes dominantes, à medida que estes são utilizados nas lutas contra a dominação. Daí as ecologias de saberes, a vitamina epistemológica para amplificar e fortalecer as lutas sociais.

Tradução intercultural. A diversidade dos grupos sociais que resistem à dominação é tão vasta quanto os saberes que estes geram. Tal diversidade muitas vezes é motivo de sectarismo ideológico e fragmentação política. O grande drama do nosso tempo é que, enquanto as dimensões do capitalismo, do colonialismo e do patriarcado sempre se articulam, a resistência a elas tende à fragmentação. Dada a diversidade cultural dos saberes nascidos na luta, a articulação entre as lutas requer frequentemente exercícios de tradução intercultural. Até que ponto é possível fazer uma tradução intercultural entre a narrativa eurocêntrica dos direitos humanos, as ideias gandhianas de *swadeshi* e *swaraj* (autossuficiência, autonomia, autodeterminação) e as concepções indígenas de *sumak kawsay* (bem-viver em harmonia com a mãe-terra) ou *ubuntu*? Para as ES, a tradução intercultural não é um exercício intelectual independente da luta social, nem é guiada por qualquer impulso cosmopolita diletante. É mais uma ferramenta que, sob a premissa de reconhecer a diferença, aponta rumo à promoção de um consenso sólido o suficiente para permitir que se compartilhem as lutas e os riscos. A tradução intercultural é realizada em um certo ponto situado entre dois extremos: por um lado, transparência e traduzibilidade totais entre culturas; por outro, autoconfinamento e incomensurabilidade totais de qualquer cultura dada. Todas as culturas têm diferentes versões, algumas abertas, outras fechadas, algumas do tipo fortaleza, outras do tipo *hospes* (hospitaleiro). As versões abertas e *hospes* são as adequadas para praticar a tradução intercultural.

Finalmente, a *artesania das práticas libertadoras* consiste em conceber e validar as práticas de luta e resistência realizadas de acordo com as premissas das epistemologias do Sul. Dadas as formas desiguais e interligadas como se articulam os três modos modernos de dominação, nenhuma luta social, por muito forte que seja, pode ser bem-sucedida se se concentrar apenas num desses modos de dominação. Por muito forte que seja a luta das mulheres contra o patriarcado, nunca terá êxito significativo se lutar apenas contra o patriarcado sem ter em conta que o patriarcado, tal como o colonialismo, é hoje um componente intrínseco da dominação capitalista. Além disso, assim concebida, tal luta pode eventualmente reivindicar sucesso ou vitória por um resultado que, de fato, implica uma maior opressão para outros grupos sociais, particularmente aqueles que são vítimas da dominação capitalista ou colonialista. O mesmo se aplica a uma luta conduzida por trabalhadores que se concentram apenas na sua luta contra o capitalismo, ou uma luta de vítimas do racismo que se concentra exclusivamente no colonialismo.

Daí a necessidade de construir articulações entre todos os diferentes tipos de lutas e resistências. Há muitos tipos de articulações possíveis, mas devemos ter em consideração as três principais, distinguidas de acordo com a natureza abissal ou não abissal da exclusão: (1) a articulação entre diferentes lutas, com todas elas lutando contra exclusões abissais; (2) a articulação entre diferentes lutas, com todas elas lutando contra exclusões não abissais; (3) a articulação entre lutas contra exclusões abissais e lutas contra exclusões não abissais. A construção de alianças é sempre complexa e depende de muitos fatores, alguns dos quais podem não ter relação direta com a natureza abissal ou não abissal das exclusões sociais em presença; estes incluem fatores como a possível escala da aliança (local, nacional, transnacional), a diferença cultural, a intensidade específica do sofrimento injusto causado pela exclusão social particular, o tipo e grau de violência com que a luta é susceptível de ser reprimida.

O que falta?

Os estudos pós-coloniais/descoloniais e as ES foram construindo juntos um novo e imponente terreno acadêmico. No entanto, ainda são um trabalho em curso, incluídos os temas da história, o imperialismo, a ecologia e a espiritualidade.

História.[24] Uma das características centrais da dominação colonial moderna é sua memória curta, um apagamento ativo da apropriação, da violência e da destruição da resistência, concebidas em conjunto como um meio necessário para alcançar fins incondicionalmente progressistas. Essa postura ideológica convida tanto a distorções fatais quanto a apagamentos clamorosos. Isso explica o grito de James Baldwin (1998, p. 272-273) há algumas décadas:

---

[24] Sobre a história, ver o Capítulo 2.

Ouça-me, homem branco! A história, como quase ninguém parece saber, está longe de ser algo apenas para ser lido. E não se refere só – ou sequer principalmente – ao passado. Ao contrário, a grande força da história provém de a carregarmos dentro, de ela nos controlar inconscientemente de múltiplas maneiras, e de sua presença literal em tudo o que fazemos. Quase não poderia ser de outra maneira, já que é à história que devemos nossos quadros de referência, nossas identidades e nossas aspirações.

Sob essa luz, surpreende que os estudos anticoloniais em geral tenham limitado seu interesse pela história à ação de desacreditar narrativas do passado que podem ser facilmente caracterizadas como a história dos vencedores contada pelos vencedores, rejeitando a vasta bagagem acadêmica desenvolvida por numerosos historiadores residentes no Sul global ao longo dos séculos, bem como em tempos mais recentes. Aqui, e em nenhuma outra parte, seria possível encontrar ampla evidência de distorções e apagamentos. Essa vasta historiografia – magnífica linhagem de historiadores e outros acadêmicos que remonta aos eruditos chineses anteriores à nossa era e aos acadêmicos da Universidade de Timbuktu do século IX em diante, incluída a Muqaddimah (1377) de Ibn Khaldun – ofereceu uma compreensão alternativa que, levada em conta, demonstraria que muitos questionamentos ou revisionismos históricos efetuados por estudos anticoloniais mais recentes fizeram, por um longo tempo, parte da narração histórica em contextos não ocidentais. Não só isso, como os estudos pós-coloniais e descoloniais que emergiram a partir dos anos 1980 fizeram-no num *Zeitgeist* dominado pela ideologia do fim da história, que condicionou ou restringiu severamente a imaginação teórica, política e cívica. Fazer investigações históricas ou de outro tipo após o fim da história, no quadro desse contexto ideológico, contaminou o trabalho acadêmico crítico com um sentido difuso de pessimismo histórico, assim como de esgotamento teórico e político. Essas condições desalentaram a vontade de recuperar e valorizar a resistência criativa contra a dominação, assim como a de gerar alternativas concretas por toda a extensão do Sul global, tanto no presente como no passado.

Imperialismo. O século XX foi considerado a era do imperialismo. Quando o longo ciclo do colonialismo histórico começou a morrer após a Segunda Guerra Mundial, o imperialismo passou a significar a extrema desigualdade das relações entre países com independência formal. Continuando uma tradição iniciada por Lênin, Walter Rodney (1973, p. 21) sustenta, em *How Europe Underdeveloped Africa* [*Como a Europa subdesenvolveu a África*], que:

> O imperialismo é uma fase do capitalismo na qual os países europeus capitalistas ocidentais, os Estados Unidos e o Japão estabeleceram uma hegemonia política, econômica, militar e cultural sobre outras partes do mundo que, a princípio, estavam num nível mais baixo, e por isso não podiam resistir à dominação. O imperialismo era, com efeito, o sistema capitalista estendido, que por muitos anos abrangeu o mundo inteiro: uma parte eram os exploradores, a outra, os explorados; os de uma parte eram os dominados, os da outra atuavam como chefes supremos; uma parte fazia as políticas, a outra era dependente.

Desde então, o imperialismo (assim como o capitalismo e a classe ou a luta de classes) desapareceu do vocabulário das ciências sociais e humanas, inclusive de algumas que pertencem à tradição crítica eurocêntrica, isso quando não foi considerado explicitamente um conceito obsoleto. Eis aí o caso de Michael Hardt e Antonio Negri (2000) em *Empire* [*Império*]. Em parte por seu viés culturalista, os estudos pós-coloniais e descoloniais contribuíram para esse apagamento intelectual. No máximo, combatiam o "imperialismo cultural". À medida que o imperialismo denunciado por Walter Rodney se metamorfoseou, após a queda do Muro de Berlim em 1989-1991, numa nova versão da Guerra Fria, dessa vez principalmente contra a China e seus aliados, à medida que pode estar surgindo um novo imperialismo, agora promovido pela China, e à medida que os imperialismos adotam novas formas (imperialismo digital, imperialismo da vigilância), já é hora de os estudos anticoloniais se envolverem na nova geopolítica. Hoje é menos possível que nunca compreender plenamente e confrontar com eficácia a dominação capitalista, colonialista e patriarcal sem considerar suas dimensões imperialistas. Mais especificamente, é imperativo que as lutas pela libertação, para as quais esses estudos devem contribuir ativamente, assumam uma vigorosa dimensão transnacional, fertilizando-se mutuamente com a experiência histórica e contemporânea da resistência anticolonial, anticapitalista e antipatriarcal em diferentes regiões do globo. A palavra de ordem "Outro mundo é possível", lançada pelo Fórum Social Mundial em 2001, adquiriu hoje uma urgência sem precedentes. Os estudos anticoloniais comparativos são tão necessários quanto as alianças transnacionais entre movimentos de libertação.

Ecologia. A ecologia é outro vínculo faltante. Os três modos principais de dominação baseiam-se na mesma concepção cartesiana do divisor de águas entre os seres humanos e a natureza, tendo a natureza como uma entidade inerte, um imenso recurso à disposição da humanidade. De acordo com isso, os seres humanos que se consideram mais próximos à natureza não são, na verdade, plenamente humanos; são sub-humanos, como no caso dos corpos racializados e sexualizados. Aceita-se amplamente que essa concepção da divisão humano/natural seja responsável pela iminente catástrofe ecológica durante o período de pandemias intermitentes que ainda está em seu início. O proeminente pensador indígena Ailton Krenak (2020, p. 14) formula com grande eloquência os desafios que se avizinham:

> A sociedade precisa compreender que não somos o sal da terra. Temos que descartar o antropocentrismo; há vida além de nós; a biodiversidade não precisa de nós [...]. Somos piores que a Covid-19. Essa coisa chamada humanidade está separando-se por completo daquele organismo, a Terra; está imersa numa abstração civilizadora que suprime a diversidade e nega a pluralidade das formas de vida, a existência e os hábitos.

Os estudos anticoloniais ainda devem uma contribuição decisiva à relação íntima entre a indiferença frente à "ruptura metabólica"[25] – tal como a divisão seres humanos/natureza sob o capitalismo foi denominada por Marx –, por um lado, e a naturalização da discriminação,

---

[25] Ver MARX (1981, p. 949).

assim como da aparentemente interminável resiliência dos preconceitos raciais e de gênero, por outro.

Espiritualidade. É o último vínculo faltante nessa ampla paisagem de estudos. A separação e a hierarquia entre espírito/mente/alma e o corpo ocupam o centro da tradição judaico-cristã. É uma tradição muito prolongada, que alcançou uma de suas versões mais extremas no século IV, com a obra de Santo Agostinho. Nessa tradição, o espírito é muito mais elevado que o corpo, a ponto de ser imortal e ter seu âmbito no mundo do além, que é o âmbito do sagrado. Com o tempo, o âmbito do espírito chegou a ser identificado com a religião, e a espiritualidade, com a religiosidade. A ideia de uma brecha absoluta entre o mundo imanente e o mundo transcendente deu origem, na era moderna, à separação de Thomas Hobbes entre o poder temporal/estatal e o poder espiritual/religioso, assim como às concepções do laicismo e do secularismo que daí derivam. Em razão da longa duração dessa tradição, os estudos anticoloniais, por mais que tenham percebido a natureza ocidentocêntrica que caracteriza essa concepção de espiritualidade, têm achado difícil, senão impossível, adotar outras concepções da espiritualidade e, além disso, têm evitado o assunto. Num diálogo com Einstein sobre a natureza da realidade, Tagore (1961, p. 222-223) destacou as limitações nesse sentido da compreensão ocidentocêntrica do mundo:

> Sim, é uma entidade eterna. Temos que compreendê-la por meio das nossas emoções e atividades. Imaginamos o Homem supremo que carece de limitações individuais mediante nossas limitações. A ciência ocupa-se daquilo que não está limitado

aos indivíduos; é o mundo humano impessoal das verdades. A religião compreende essas verdades ligando-as às nossas necessidades mais profundas; nossa consciência individual da verdade adquire sentido universal. A religião aplica valores de verdade, e conhecemos a verdade como algo bom em razão de nossa harmonia com ela.

Na realidade, esse tema representa o limite da maioria dos estudos anticoloniais, sua "máxima consciência possível", tal como expressado por Lucien Goldmann (1971). No entanto, esse não é o caso dos estudos realizados por autores que cresceram em contextos não ocidentocêntricos.

Conclusão: Contra a inércia das ideias mortas

As ES são tanto a causa quanto a consequência dos estudos pós-coloniais e descoloniais. A causa, porque na raiz dessa linhagem acadêmica há uma pré-compreensão do massivo desperdício de experiências, a insondável sociologia das ausências. A consequência, porque depois de terem sido traçados os vastos campos da denúncia e da desconstrução (a produção de inexistência), a tarefa mais urgente e imperativa consiste em construir o pensamento alternativo de alternativas, a sociologia das emergências e todas as tarefas que ela implica. Qualquer inspeção casual de uma obra em construção permite ver que as ferramentas usadas para demolir o velho edifício não são iguais às que servem para construir o novo. No entanto, ambos os tipos de ferramentas são necessários para ter um edifício novo. Tal é a relação entre, por um lado, os estudos pós-coloniais e descoloniais e, por outro lado, as epistemologias do Sul.

Para confrontar a inércia das ideias mortas que legitimam a dominação moderna, são necessárias alternativas positivas geradas por um pensamento alternativo de alternativas. A vasta paisagem de possibilidades epistemológicas, teóricas e metodológicas é o outro lado da imensa – mas não impossível – tarefa política de superar a dominação capitalista, colonialista e patriarcal.

CAPÍTULO 2
Teses sobre a descolonização da história

Traduzido do espanhol por Luis Reyes Gil

> *O sentido interno da história [...] contém a especulação e a tentativa de chegar à verdade, uma explicação sutil das causas e origens das coisas existentes, e um conhecimento profundo do como e do porquê dos acontecimentos. Pode-se dizer, então, que a história está firmemente arraigada na filosofia* (KHALDUN, 1958, p. 5).

1. Qual o peso da história? Num contexto histórico inédito, como uma revolução, o peso da história tende a ser leve para as gerações que estiveram presentes desde o início; vamos chamá-las de "gerações inaugurais". Por outro lado, a história tende a ser pesada para as gerações que vêm a seguir, que chamamos de "gerações posteriores". Esses dois tipos de gerações são condizentes com duas concepções distintas do passado, sendo elas, respectivamente, o passado como missão ou tarefa e o passado como tesouro ou troféu. Para as gerações

71

inaugurais, o passado está aberto e incompleto; para as posteriores, está fechado e consumado. A prevalência relativa desses dois tipos de gerações determina o peso relativo da história. Que tipo de geração prevalece em nossos tempos?

A partir dos anos 1970, prevaleceram as gerações posteriores. A absurda metáfora do fim da história marcou a confirmação final das gerações posteriores, assim como a derrota irreversível, ou talvez até a extinção, das gerações inaugurais (ANDERSON, 1992). Daí que a história tenha se tornado extremamente pesada, tanto quanto a derrota das gerações inaugurais. Mesmo em condições muito diversas e desiguais, este é o tempo que habitamos. O peso da história torna-se cada vez mais sufocante para os órfãos das gerações inaugurais.

Ser órfão transmite a ideia de perda; mas não necessariamente a ideia de inconformidade. A conformidade com a orfandade leva à resignação e à nostalgia; a inconformidade, à revolta e à esperança. O órfão conformista das gerações inaugurais aspira ser membro das gerações posteriores, com o que apaga da memória a inauguração e a substitui pela posteridade. Ao contrário, os órfãos inconformistas das gerações inaugurais apontam para reconstruir a inauguração. Uma das tarefas que essa reconstrução envolve é o que denomino de *descolonização da história*.

2. A descolonização da história é uma tarefa que deve ser levada a cabo pelos órfãos inconformistas das gerações inaugurais. A descolonização se baseia principalmente no pressuposto de que não há uma entidade

única denominada história, já que nenhum relato único pode dar conta do passado. Tampouco há um passado único, mas sim um passado que entrelaça histórias interconectadas (Subrahmanyam, 1999). O que chamamos de passado é, na verdade, uma ilusão de ótica, uma vez que é sempre no presente que experimentamos, recordamos e escrevemos sobre o passado. O passado é o atual ajuste de contas entre forças sociais rivais que lutam pelo poder, pelo acesso a recursos materiais e espirituais escassos, por concepções e condições de autodeterminação. O conflito pode ter muitas facetas, mas em qualquer ponto dado do espaço-tempo traduz-se em relações desiguais de poder e, portanto, em oponentes dominantes e dominados, em opressores e oprimidos. O lado triunfante é, por definição, o do opressor, mas a opressão pode adotar formas muito diversas e evolui com o tempo. Acrescente-se a isso que nem todas as facetas do opressor são igualmente opressivas, e o oprimido pode até apropriar-se de algumas para resistir e superar a opressão. Os direitos humanos ilustram bem esse último aspecto nos tempos contemporâneos. São uma entidade bifronte, como Jano.[26] Embora suas concepções hegemônicas tenham sido muitas vezes implementadas como imposições imperiais, os direitos humanos também têm sido usados como ferramenta contra-hegemônica de resistência à opressão (Santos, 2013).

As dicotomias entre dominador e dominado – ou entre opressor e oprimido – são muito mais complexas

---

[26] Deus romano protetor das entradas e das saídas, dos inícios e dos fins. Com um rosto voltado para a frente e outro para trás, olha para o futuro ao mesmo tempo que vê o passado.

do que se imagina, à medida que todo o sistema perdurável de dominação acaba sendo uma cocriação (MEMMI, 1965; MAMDANI, 2020). Em diferentes contextos, alguns grupos sociais podem ocupar posições contraditórias no sistema de dominação – alguns que, em certos contextos, são opressores podem virar oprimidos em outros. Certos grupos são protagonistas cruciais do sistema de dominação, enquanto outros são apenas participantes marginais ou meros cúmplices. Alguns podem até ficar fora da dicotomia opressor/oprimido. Há uma ampla margem para posições e histórias híbridas ou mestiças (GLISSANT, 2020). Há, no entanto, um limite no envolvimento com a complexidade nesse domínio: a ideia, geralmente acarinhada pelos poderes dominantes, de que, em razão dos complexos entrelaçamentos entre opressores e oprimidos, não há como fazer uma distinção entre eles, e o resultado é que vivemos num mundo de interdependência em que as ideias de dominação, opressão e poder desigual acabam desaparecendo. Desidentificar-se da opressão implica desidentificar-se tanto do opressor quanto do oprimido. A ideia de que a opressão social é uma totalidade deve estar sempre presente. Isto ajuda não só a identificar nuances específicas em cada contexto, como, além disso, convida a redefinir a maior parte das contraposições analíticas binárias. Tais contraposições devem ser vistas como dispositivos metodológicos para dar conta da desordem desigual da vida social, e não para a negar.

Os conflitos desenrolam-se por meio da luta, que por sua vez pode ser vista como concluída ou vigente. O passado das gerações posteriores é o dos atuais vencedores da história, assim como o passado dos perdedores, à medida que estes tenham se resignado à sua derrota. É um passado-passado. O passado das gerações inaugurais é o passado dos "condenados da terra" inconformistas, aqueles para quem a luta continua e para os quais ainda existem possibilidades reais ou imaginárias de resistência. É um passado-presente.

> *Cada geração, dentro da sua relativa opacidade,*
> *precisa descobrir sua missão, cumpri-la ou traí-la*
> (FANON, 1968, p. 206).

3. A descolonização da história é uma intervenção intelectual que confronta os diferentes modos de dominação moderna, à medida que estes têm configurado a escrita hegemônica da história moderna. Os modos principais ou mais difundidos da dominação moderna são o capitalismo, o colonialismo e o patriarcado. Os dois últimos existiam antes do capitalismo, mas este reconfigurou-os de maneira profunda, a fim de garantir uma exploração sustentável do trabalho humano e da natureza. A exploração da mão de obra livre não se sustenta sem uma mão de obra extremamente desvalorizada, ou uma mão de obra não paga, provida por corpos racializados (colonialismo) e sexualizados (patriarcado). Em diferentes partes do mundo, esses três modos de dominação articularam-se historicamente com outros modos de dominação satélites, como os conflitos geracionais, o castismo e a mobilização política da religião. A descolonização da história é, assim, uma metonímia (*pars pro toto*): visa desafiar as formas como muitos modos diferentes de dominação moderna moldaram a escrita da história.

> *A história é uma fantasia muito funcional do Ocidente, já que se originou justamente quando este "fez" por si só a história do Mundo. [...]. Eis aí o processo hierárquico que negamos em nossa consciência histórica emergente, em suas rupturas, seu repentino surgimento, sua resistência à exploração* (GLISSANT, 1989, p. 65).

4. Descolonizar a história implica identificar a dominação da história na história da dominação. A dominação ocidentocêntrica moderna caracteriza-se por dois conceitos operacionais básicos: a linha abissal e o tempo linear. A *linha abissal* é a linha radical de separação entre os seres plenamente humanos e os seres sub-humanos: a naturalização mais radical das hierarquias sociais nos tempos modernos. Essa linha ocupa o centro da expansão colonial europeia. O colonialismo e o patriarcado foram reconfigurados para operar como regimes privilegiados de sub-humanização. Com frequência, foram mobilizadas dominações-satélite preexistentes para reforçar a linha abissal, caracterizada crucialmente por ser tão radical quanto invisível e por estar, ao mesmo tempo, subjacente a todas as distinções e hierarquias sociais visíveis. O liberalismo europeu, mesmo quando proclamou a liberdade e a igualdade universal de todos os seres humanos, reteve o privilégio de definir quais eram os seres vivos que contavam como plenamente humanos. Quem não é plenamente humano não pode ser tratado como humano. Daí a linha abissal.

Com o tempo, a linha abissal tornou-se a característica mais enraizada da hierarquia social moderna, onipresente no nosso tempo. Alimentada pelo colonialismo, o racismo e o sexismo, continuou estruturando as concepções dominantes da vida econômica, social, política e cultural. Sobreviveu ao final do colonialismo histórico – provocado pela independência política das colônias europeias – e subjaz às versões dominantes do senso comum nos nossos tempos. A história dos vencedores é abissal na medida em que recria e oculta essa linha. Descolonizar a história equivale a denunciar a existência da linha abissal, a reivindicar a plena humanidade das populações tachadas de sub-humanas, assim como equivale a escrever a história pondo em relevo os processos de sub-humanização e a resistência contra eles. Descolonizar a história é reivindicar a possibilidade de uma história pós-abissal.

Já o *tempo linear* é uma concepção particular do tempo, entendido como algo que se move numa única direção, de duração acumulativa e sequência irreversível. A ideia europeia do progresso estabeleceu o tempo linear como concepção universal do tempo, em cujos limites os colonizadores europeus atribuíram-se o direito de decidir o que contava como mais avançado ou menos, isto é, como progressista. O tempo linear foi particularmente funcional para os objetivos da conquista europeia, por sua facilidade para traduzir o tempo em espaço. Os territórios de ultramar eram tão remotos no espaço como no tempo. As terras exóticas, com ideias estranhas de tempo, encontravam-se temporalmente muito distantes do presente que o colonizador habitava. A eficácia do tempo linear consistiu em justificar a ideia segundo a qual o passado dos colonizados não tinha futuro, exceto pelo que era oferecido pelo colonizador. Uma vez despojado de toda função criadora de futuro, esse passado foi tachado de irrelevante e merecedor de esquecimento. Assim construída, a ideia de progresso pode converter a opressão em libertação, os opressores em libertadores, e o barbarismo em missão civilizadora. Quando Napoleão chegou ao Egito em 1798, explicou assim suas ações aos habitantes locais: "Povo do Egito: nossos inimigos irão dizer-lhes que vim destruir vossa religião. Não acreditem neles. Digam-lhes que vim restaurar vossos direitos, castigar vossos usurpadores e erigir o verdadeiro culto a Maomé" (proclamação de Napoleão aos egípcios, 2 de julho de 1798 *apud* HUREWITZ, 1975, p. 116). Da perspectiva dos invadidos, a proclamação de Napoleão não enganou a ninguém quanto aos seus objetivos imperialistas. Assim, ela é dissecada ponto por ponto pelo cronista egípcio Al-Jabarti ([1933] 1993, p. 31), testemunha direta da invasão: "A seguir, [Napoleão] passa a fazer algo ainda pior – que Deus o condene à perdição –, com as palavras: 'Eu sirvo a Deus mais que os mamelucos [...]'. Não há dúvida de que essa é uma alienação de sua mente e um excesso de estupidez". Al-Jabarti expõe depois os erros gramaticais do medíocre árabe corânico que havia sido utilizado na proclamação e conclui: "No entanto, é possível que não haja inversão, e que o significado seja: 'Tenho mais soldados ou mais dinheiro que os mamelucos' [...]. Consequentemente, suas palavras 'Eu sirvo a Deus' são uma nova oração e uma nova mentira". Estas citações ilustram o profundo entrelaçamento do tempo linear com a linha abissal. O progresso é o progresso da linha abissal, nunca o da sua superação.

Tradição e *inovação*, *continuidade* e *descontinuidade* são alguns dos conceitos operacionais cruciais subjacentes ao tempo linear. A história dos vencedores, tal como contada pelas gerações posteriores, vê a tradição como um tesouro inestimável, depositado e bem protegido; e a inovação, como uma incessante repetição da vitória. Daí que o opressor veja o passado como a continuidade da opressão, e a condição opressiva como uma condição natural. A história dos *damnés*, tal como contada pelas gerações inaugurais, vê a tradição como uma tarefa iminente, como um sítio de escavação até agora inexplorado que, ao ser escavado minuciosamente, irá prover razões para desnaturalizar, deslegitimar e interromper a opressão, assim como para modificar o relato histórico. É, por isso que, para o oprimido, a história de sua relação com o opressor tende a ser uma descontinuidade de derrotas e vitórias: uma sequência de repetição redentora, como diria Walter Benjamin (1969), e não de repetição mecânica. Em seu estilo corrosivo, Samuel Beckett (1983, p. 7) expressa isso bem: "Nunca ter tentado. Nunca ter falhado. Não importa. Tentar de novo. Falhar de novo. Falhar melhor". Mas como falhar melhor? Temos que recorrer a Amílcar Cabral (1970, p. 89) para obter uma resposta: "Não escondas nada ao nosso povo. Não digas mentiras. Expõe as mentiras sempre que forem ditas. Não encubras as dificuldades, os erros, os fracassos. Não te atribuas vitórias fáceis". Além disso, a inovação é a interrupção da opressão, a irrupção da resistência. A inconformidade com a opressão implica sempre interrupção e irrupção. É um processo sem fim. Pouco antes de seu assassinato, em 1921, Rosa Luxemburgo (1919) – outra brilhante crítica do capitalismo ocidental – escreveu: "*Ich bin, Ich war, Ich werde sein*" ["Sou, fui, serei"].

> *Um povo sem uma história positiva é como um veículo sem motor. [...] [Mas] as referências aos heróis africanos são muito escassas; [...] o enfoque concebido para promover a "consciência negra" tem que orientar-se em direção ao passado, apontar para reescrever a história do homem negro, e apresentar nela os heróis que ocupam o centro do mundo africano* (Biko, 1979, p. 29).

5. A interrupção e a irrupção são os processos sociais dos quais o oprimido se vale para levantar o peso da história. Não só possibilitam a existência de alternativas, mas também a capacidade de lutar por elas. É preciso levar em conta que o esforço do oprimido para interromper a dominação é uma resposta à interrupção original, causada pelo encontro colonial moderno. É uma interrupção contraposta, que aponta para interromper a dominação do colonizador. Daí que, quando se fala de interrupção, seja imprescindível especificar quem interrompe quem pela continuidade de quem.

Em *O 18 brumário de Luís Bonaparte* (1852), Karl Marx (1959, p. 320) escreve que

> [...] os homens fazem sua própria história, mas não a fazem por seu próprio arbítrio, sob circunstâncias escolhidas por eles mesmos, mas sob aquelas circunstâncias com que se deparam diretamente, que existem e lhes foram legadas pelo passado. A tradição de todas as gerações mortas oprime como um pesadelo o cérebro dos vivos.

Isso vale tanto para as gerações oprimidas quanto para as opressoras, mas o peso morto é distinto em cada caso, tão distinto como a corrente e a contracorrente de um rio. No caso do opressor, a tradição da continuidade confirma sua vitória por antecipação e convida a uma vontade pouco heroica; no caso do oprimido, a tradição da descontinuidade demanda uma vontade heroica que elimine a confirmação da história passada. Não há nada de grandioso nem de romântico nesse heroísmo. O heroísmo é a vontade de correr riscos quando se confronta o poder opressivo.

> *A chegada do imperialismo e do colonialismo nos fez abandonar nossa história para ingressar em outra história* (CABRAL, 1970, p. 46).

6. Descolonizar a história implica desidentificar-se da história escrita pelos vencedores (que é um passado fechado), assim como reescrever a história a partir da perspectiva dos até agora vencidos (o passado-presente). A primeira tarefa envolve uma história das ausências; a segunda, uma história das emergências.[27] A história das ausências lida com o apagamento, o esquecimento, o silenciamento, com a identificação e a denúncia dos mecanismos implementados para desperdiçar, descartar e condenar à irrelevância ou à inexistência uma bagagem tão imensa de experiências sociais. A história das emergências põe foco em resgatar, recuperar e voltar a imaginar tudo o que foi obrigado a sobreviver como uma ruína, a fim de revelar seu potencial para a futura libertação: con-

---

[27] A história das ausências e a história das emergências têm afinidades eletivas com a sociologia das ausências e a sociologia das emergências. Ver SANTOS (2019, p. 25-32).

vertendo as ruínas em ruínas-sementes (Santos, 2019, p. 55-56). As duas tarefas possibilitam histórias contrapostas. A ideia de luta é crucial para ambas. Ao contrário do que indica o senso comum, a luta não é necessariamente um ato de confrontação aberta, organizada, dramática, potencialmente violenta. De fato, na maioria dos casos é clandestina, espontânea, passiva, manifesta-se em pequena escala e combina momentos de confrontação com outros de retirada, ou até mesmo de colaboração. A luta gira em torno da dissidência prática e mental que envolve a desidentificação com o opressor, assim como a deslealdade frente aos seus objetivos de dominação.

A história das ausências. A desidentificação é conseguida ao identificarmos os procedimentos básicos utilizados pelos vencedores para retratar os derrotados como merecedores de sua derrota. Eu identifico quatro procedimentos básicos: o contraste dos princípios com as práticas; a suspensão de princípios em casos de emergência autoproclamada; a desespecificação; a alternância entre brutalidade e tolerância. O primeiro princípio gera um epistemicídio massivo (uma destruição massiva de conhecimentos); o segundo, um kairoscídio (uma destruição do tempo qualitativo, pleno de oportunidades); o terceiro, ontocídio (a anulação do ser como poder de existir); e o quarto, o que denomino timecídio (do grego *timé*, "honra"), a desonra tanto dos indivíduos como das comunidades.[28] Apenas por meio de histórias contrapostas sobre as experiências vividas através das lutas é possível identificar essas ausências.

---

[28] As palavras *epistemicídio, kairocídio, ontocídio* e *timecídio* são derivadas do grego antigo e significam, respectivamente, concepções específicas de conhecimento, tempo, ser e honra.

O primeiro procedimento consiste em contrapor os princípios éticos e políticos do opressor às práticas do oprimido. O liberalismo europeu construiu um arsenal de princípios universais; de ideais de liberdade, igualdade e fraternidade; de catálogos de direitos humanos naturais: um imponente conjunto que compunha a ideia da civilização ocidental. À medida que a expansão colonial moderna se desenvolvia, as ações de conquista, saque, ocupação e imposição de relatos externos sobre o colonizado, por mais violentas e bárbaras que fossem, foram justificadas contrapondo-se os ideais liberais não às práticas dos colonizadores, mas às práticas das populações não europeias. As práticas destas últimas foram tachadas de tão contraditórias com os princípios liberais que somente os bárbaros poderiam adotá-las. Assim emergiu a dicotomia civilização/barbárie: a linha abissal que distinguia os humanos dos sub-humanos. A validade ideológica desse procedimento era dupla. Por um lado, tornava desnecessária a justificação do contraste entre os ideais do liberalismo e as práticas dos colonizadores; por outro, descartava de cara a possibilidade de as populações não europeias terem ideais e princípios, por muito ou pouco que estes se diferenciassem dos professados pelo liberalismo. Essa ideologia legitimou um epistemicídio incomensurável: a destruição sistemática das cosmovisões, das filosofias e dos conhecimentos não ocidentais valorizados pelas populações colonizadas. O epistemicídio vai de mãos dadas com o genocídio e o linguicídio.

O segundo procedimento consiste em atribuir-se o privilégio de relegar ou suspender os princípios éticos e políticos cada vez que assim o recomende uma situação extrema de emergência social ou política. Tal privilégio abrange desde a capacidade de definir uma determinada situação como exceção até a decisão de suspender princípios. Esse procedimento demanda uma separação e uma hierarquia de índole radical entre as potências coloniais eurocêntricas e as populações consideradas "externas" ao âmbito da civilização, mas também ativa a oposição amigo/inimigo em lugar da oposição civilização/barbárie. No constitucionalismo moderno, essa situação é denominada *estado de exceção*. Da perspectiva da administração colonial, as colônias eram regidas por um permanente estado de exceção, isto é, pela prerrogativa colonial de declarar o estado de emergência e suspender princípios a fim de evitar ou reprimir qualquer ameaça ao governo colonial que fosse considerada especialmente grave ou difícil de neutralizar. Dito de outro modo, os colonizados eram objetos do Estado colonial – sem direitos nem cidadania – na maioria das situações. Como resultado, foram esmagadas, em diversos contextos, lutas concretas dos colonizados, ao mesmo tempo que se impedia o desenvolvimento pleno das energias, práticas e ideias de resistência (BUCK-MORSS, 2009). Disso deduz-se que as ausências foram produzidas cortando-se pela raiz toda oportunidade de transformação social, desde as mais discretas melhoras do sustento até as iniciativas mais ambiciosas de revolta e libertação. Essa neutralização sistemática da luta é o que denomino *kairoscídio* (do grego *kairós*, "o momento justo"), isto é, a destruição dos momentos oportunos para a resistência. Esses momentos cruciais representam o tempo profundo da resistência social, que emerge na prática social como o momento maduro em que são maximizadas as chances de êxito. Declarar a emergência implicava apagar a qualidade histórica do tempo, e com isso desfigurar as memórias e possibilidades de um futuro melhor para os oprimidos. O kairoscídio com frequência envolveu também um epistemicídio. Nos estados de exceção, eram frequentes os assassinatos de manifestantes e líderes sociais. Os líderes sociais eram os guardiões das experiências e saberes tradicionais vernáculos relacionados com a organização da resistência e a escolha das formas mais adequadas de luta social; com sua morte, perdeu-se esse cabedal de conhecimentos, experiências e sabedoria.

O terceiro procedimento da história das ausências é a desespecificação. Esta consiste em reduzir a identidade do povo colonizado a uma característica única, a-histórica e descontextualizada, com o que se menospreza a textura complexa das vidas individuais e coletivas, assim como seu desenvolvimento ao longo da história. A desespecificação não é um exercício de abstração filosófica – não é uma tentativa de sintetizar a multiplicidade concreta da existência social e individual –, mas sim um ato ideológico radical de empirismo reducionista seletivo. Provê uma medida para a incomensurável distância (e hierarquia) que separa o colonizado do colonizador, em cujo âmbito a substância da zona colonial define-se sobre a base da já mencionada linha abissal, a zona onde são atiradas as populações desespecificadas, a zona do não-ser, tal como a chamou Frantz Fanon (1972). Denomino essa negação ou nulificação do ser de *ontocídio*. Dada a natureza metonímica do traço selecionado (selvagem, primitivo, atrasado, nobre selvagem, canibal, mágico, arcaico, tradicional ou subdesenvolvido), todas as práticas e crenças sociais da população desespecificada (incluídas a religião e a cultura) compartilham as mesmas características.

O quarto procedimento consiste em definir como tolerância o que vem após a atrocidade brutal, a destruição violenta da vida ou da cultura por parte do colonizador ou opressor. Este é um procedimento crucial, pois a "tolerância" é implementada como maneira de confirmar e disfarçar, ao mesmo tempo, a rendição do oprimido, transformar imposições reais em concessões falsas, sinalizar uma mudança de estratégia enquanto se efetua uma jogada tática, dividir populações oprimidas e recrutar colaboradores, e simular o reconhecimento da diferença enquanto se afirma o privilégio de definir o intolerável. A meta final da "tolerância" consiste em exibir a superioridade moral dos opressores para melhor destruir a autoestima e a honra das populações oprimidas. Como expliquei anteriormente, denomino essa forma de destruição de *timecídio*.

A história colonial ativou seis grandes estratégias de desespecificação. Cada uma se baseia num critério monocultural e monolítico.[29] A monocultura do saber e do rigor do saber desespecificou o sujeito colonial como ignorante. A monocultura do tempo linear desespecificou o sujeito colonial como atrasado, primitivo. A monocultura da escala dominante (o universal e o global) desespecificou os modos coloniais de vida como particulares, exóticos, locais, tradicionais, a serem substituídos por suas contrapartidas modernas. A monocultura da classificação étnico-racial desespecificou o sujeito colonial como inferior. A monocultura da separação hierárquica humanidade/natureza desespecificou o sujeito colonial

---

[29] Sobre as monoculturas ocidentais e sobre as formas como as epistemologias do Sul as confrontam com as ecologias correspondentes, ver SANTOS, 2014, p. 172-175; 2021, p. 285-303.

como natural, sub-humano, bárbaro, bestial. Por último, a monocultura do produtivismo capitalista desespecificou o sujeito colonial como preguiçoso, ocioso, improdutivo.

7. *A história das ausências evoluiu e mudou ao longo dos últimos cinco séculos.* Embora desde o início da expansão colonial os procedimentos para a geração dessa ausência que mencionei estivessem presentes, eles experimentaram uma drástica intensificação a partir de meados do século XIX. Além do mais, foram ativados de distintas maneiras em diferentes contextos e momentos. Com o tempo, variou o peso relativo da curiosidade genuína e a supremacia mecânica. Tanto do lado do colonizador quanto do lado do colonizado, houve vozes opositoras que denunciaram desde cedo cada um dos quatro procedimentos para a geração de ausência. Mas o traço mais notável que caracteriza a história das ausências é sua incessante metamorfose, acompanhada de um profundo enraizamento em histórias e ideologias ocidentocêntricas.

Os procedimentos ideológicos subjacentes à história das ausências situam-se no coração da modernidade eurocêntrica e suas bibliotecas coloniais, com o que se nega "a possibilidade de uma racionalidade e uma história plurais" (MUDIMBE, 1988, p. 208). Estruturaram desde muito cedo o arquivo mental do Ocidente, assim como sua vontade criadora de mundo. Por exemplo, estiveram presentes no século XV, durante a denominada "Reconquista de Al-Andalus", assim como na ocupação colonial britânica da Irlanda, desde princípios do século XVI até a década de 1920. Tais procedimentos foram amplamente aplicados nas colônias de ultramar; e, em princípios do século XX, voltaram à Europa em grande escala. Foram operacionalizados pelo nazismo na perseguição criminosa do *Untermensch*: dos judeus, dos romani [ciganos], homossexuais e de outras "raças inferiores". Foram usados para justificar tanto o Holocausto quanto a colonização planejada da Europa Central e Oriental. Referindo-se às populações eslavas da Polônia, Tchecoslováquia e Rússia, Himmler – o *Reichsführer* das SS (Schutzstaffel, organização paramilitar e policial do Estado nazista) – proclamou, em 1943:

> O fato de as nações viverem na prosperidade ou morrerem de fome só me interessa na medida em que precisemos delas como escravas de nossa cultura; do contrário, isso não é do meu interesse [...]. Nós, os alemães, o único povo do mundo que mantém uma atitude decente em relação aos animais, também adotaremos uma atitude decente em relação a esses animais humanos. Mas é cometer um crime contra nosso próprio sangue preocuparmo-nos com eles e dotá-los de ideais, já que assim iremos causar maiores dificuldades aos nossos filhos e netos em sua relação com eles.[30]

Esse projeto demencial começou a ser vencido na heroica Batalha de Stalingrado (1942).

Esta não foi a última atuação de uma história das ausências no território europeu. Ao longo dos últimos setenta anos, seus quatro procedimentos básicos têm justificado o racismo, o sexismo, as leis e práticas discriminatórias em matéria de migração, a xenofobia, a islamofobia, a homofobia. Quando há leis que proíbem formalmente a discriminação, a justificativa funciona de maneira indireta por meio da omissão cúmplice de sua repressão ou sua

---

[30] Extraído de: https://bit.ly/3SVY1LI. Acesso em: 1 nov. 2022.

condenação efetiva. A chegada dos colonizados aos ex-impérios europeus, seja como imigrantes, solicitantes de asilo, seja, em tempos mais recentes, como suspeitos de terrorismo, é uma condição permanente da contemporaneidade colonial europeia. A história eurocêntrica das ausências produziu seu fruto amargo e hoje é um elemento constitutivo do mundo eurocêntrico, tanto na Europa quanto fora dela. Isso explica por que a tarefa contra-hegemônica de descolonizar a história deve confrontar hoje iniciativas novas ou renovadas de recolonizar a história. A história das ausências é a outra face da sociologia das ausências, que dá forma às crônicas dominantes do nosso presente.

> *Os acadêmicos africanos devem fazer um trabalho sério, que detalhe e descreva as culturas indígenas africanas de dentro para fora, não de fora para dentro. Até a presente data, escreveu-se bem pouco sobre as sociedades africanas em si mesmas; ou melhor, a maior parte da erudição é um exercício para propor um novo modelo ocidental ou outro [...]. O conhecimento sobre o ocidente é cultivado há décadas, mas aceita-se que o conhecimento a respeito da África seja absorvido, por assim dizer, através do leito materno. Nada tenho contra as mães (na realidade, eu mesma sou). Mas enquanto nós, os acadêmicos africanos, ocupamo-nos de desenvolver "a mãe de todos os cânones", quem supomos nós que irá desenvolver a base de conhecimentos para transformar a África?* (OYÉWÙMI, 2002, p. 21-26).

8. *A história das emergências*. A exposição dos procedimentos utilizada pela história das ausências abre as

portas a uma história contraposta. A história das emergências acarreta essa possibilidade. A história dominante é escrita depois da luta. Expressa o privilégio que o vencedor adquiriu de escrever a história de seu triunfo. Ao contrário, a história das emergências é uma história escrita antes da luta e durante a luta. Na realidade, não há um "após a luta". Para a história das emergências, escrever a história de uma perspectiva posterior à luta equivaleria a confirmar a derrota. De um modo ou outro, certos traços cruciais dos colonizados correriam o risco de serem declarados extintos ou seriam avaliados *a posteriori* como ações quixotescas, desesperadas ou pouco realistas de sobrevivência. Assim, perder-se-ia a longa duração da resistência e, com ela, a dialética das técnicas visíveis/subterrâneas de resistência.

Na perspectiva da história das emergências, existem dois tempos históricos: o tempo "antes da luta" e o tempo "durante a luta". Esses tempos são inextricavelmente reais e imaginados porque os seus traços no presente são encarnados na experiência vivida, mesmo se imaginados como reais. O *tempo-Ur*, ou o tempo fundacional anterior à luta, é a história do mundo prévio ao colonialismo moderno. Nos tempos pré-coloniais também havia lutas sociais, lutas pelo poder e pela dominação, mas a luta que cria a necessidade de descolonizar a história é a luta contra os conquistadores e invasores europeus. Para a história dominante, não há um "antes da luta", porque o que quer que tenha ocorrido antes do colonialismo europeu é irrelevante ou, então, é construído a fim de justificar a intervenção colonial. Ao contrário, para a história das emergências, a história prévia é o lugar onde se encontram as energias e os recursos para lutar contra a dominação.

O "durante a luta" é igualmente crucial, na medida em que concebe as práticas de resistência como um campo aberto de possibilidades no qual não há margem nem razão para a fatalidade ou o conformismo. Desse modo, confirma-se plenamente a contingência da história. Tampouco há um "vencedor"; há apenas opressores e oprimidos – lados opostos –, por mais desiguais que sejam as relações de poder entre eles. O tamanho de um inimigo atual tende a ser menor que o tamanho do vencedor. Por mais devastadoras ou destrutivas que sejam as estocadas ou as ações agressivas do opressor, os oprimidos em luta não as veem como definitivas, mas como algo que deixa margem para a resistência e a sobrevivência. Dante Alighieri, o poeta italiano do século XIII, escreveu em sua *Divina comédia* ("Paraíso", XVII, p. 27) que "a flecha prevista vem mais lenta" (*"che saetta previsa vien più lenta"*).

A história das emergências procede reconstruindo a totalidade dos corpos, as comunidades, os sustentos, as lutas, as resistências, os modos de saber e os modos de ser que a história dominante desfigurou, amputou, silenciou ou produziu como ausentes. Consiste em confrontar cada uma das monoculturas que presidem a desespecificação, para substituí-las por ecologias. As ecologias são os mecanismos da interação mutuamente enriquecedora e autotransformadora entre distintos componentes de realidades complexas, quer se tratem de realidades humanas ou não humanas.

A monocultura do saber e do rigor do saber é questionada recuperando e valorizando os saberes, as culturas e as crenças dos povos colonizados não europeus, assim como as maneiras pelas quais essa bagagem epistêmica e cognitiva tem guiado a resistência e a resiliência desses povos diante das conquistas e das usurpações estrangeiras. O reconhecimento da diversidade epistêmica e cognitiva do mundo pressupõe que todos os sistemas de conhecimento são incompletos; como tal, todos eles são, até certo ponto, ignorantes, inúteis ou mesmo perigosos para certos fins. Isso vale tanto para os sistemas de conhecimento mantidos pelos colonizadores como para os que os colonizados mantêm. Apesar da violência do encontro colonial, a versão do sistema de conhecimento europeu universalizador que prevaleceu nas colônias nunca conseguiu levar a cabo um completo epistemicídio; ao contrário, com o tempo houve uma grande quantidade de interações, hibridações e crioulizações que desembocaram no que denomino *ecologias de saberes*, que contribuem para fortalecer as lutas pela libertação.

A monocultura do tempo linear deve ser confrontada por meio do reconhecimento de outras concepções do tempo. Se Aristóteles acerta quando diz que a memória é a imaginação somada ao tempo, segue-se disso que as diferentes concepções do tempo geram diferentes memórias. A história das emergências consiste em recuperar as concepções "estranhas" do tempo que são mantidas pelos povos "exóticos". Assim, são questionadas as sequências e as mudanças impostas pelo tempo linear após o encontro colonial. Os avanços convertem-se em avarias; os ganhos em progresso, em perda e caos; a transformação irreversível, em movimento cíclico; a erradicação virtuosa do passado, em valiosa custódia do que permanece e do que tem sido. A história das emergências destrói as correspondências unilaterais e aponta para sistemas mutuamente exclusivos de coerência temporal. Enquanto o tempo linear opõe o grande tempo ao tempo local, a história das emergências opõe o grande tempo a um anti-grande tempo. Enquanto a lente temporal do tempo linear converte a preteridade em estranheza, o olho nu do colonizado vê a preteridade como familiaridade. Cabe dizer que a mútua exclusão sistêmica não implica uma falta de comunicação ou de interação. Uma vez em contato, as diferentes concepções do tempo alteraram-se e adaptaram-se às novas vibrações, mesmo quando isso ocorria em condições radicalmente distintas. A história das emergências não só coloca em relevo esses entrelaçamentos temporais como também demonstra o modo como as resistências e as lutas contra a opressão muitas vezes se beneficiaram de converter a energia para a restauração em energia para a libertação.

A história das emergências confronta a monocultura da escala dominante por meio da construção de relatos que privilegiam o desescalamento frente à ampliação ou à redução das escalas. O desescalamento é uma condição *sine qua non* para libertar da desespecificação as concepções subalternas da vida social, abrindo, com isso, as portas para avaliações e significados alternativos da resistência contra a dominação. O universalismo horizontal é, quando muito, um ponto de chegada, não um ponto de partida. Não é mais que consciência compartilhada de uma pluralidade de aspirações cosmopolitas que convergem em compreensões interculturais da dignidade e do respeito humanos, assim como em energias e ações transformadoras que se combinam para convertê-las num florescimento existencial da vida real.[31]

---

[31] Tal como nos lembrou Aimé Césaire, "há duas maneiras de perder a si mesmo: a segregação encerrada no particular, ou a diluição no 'universal'". Césaire (2010, p. 152) concebe o universal como "um universal enriquecido por tudo o que é particular, um universal enriquecido

A monocultura da classificação étnico-racial é especialmente difícil de confrontar. Essa classificação combina a diferenciação com a hierarquia. A diferenciação resultante padece, assim, de um viés inerente, na medida em que é construída para legitimar a hierarquia, o impulso básico da dominação colonial.[32] Nesse caso, a história das emergências aponta para reconstruir a diferenciação separando-a da hierarquia.[33] Uma vez erradicada a hierarquia, as diferenças que permanecem ou emergem são o fundamento da história do oprimido. A monocultura da classificação étnico-racial estava estreitamente vinculada à monocultura da dicotomia humanidade/natureza. Tanto as mulheres quanto as "raças inferiores" eram consideradas inferiores por sua maior proximidade com a natureza. Hobbes (1976, p. 186-187) denominou "naturais" os povos indígenas das Américas. Nesse sentido, a história das emergências não faz senão demonstrar que o binarismo cartesiano

---

pelas diversas particularidades: o aprofundamento e coexistência de todas as particularidades".

[32] Como dizia Glissant (1989, p. 67), "nós [os caribenhos] somos as raízes de uma relação multicultural. Raízes submarinas: isso é flutuar livremente, sem estar fixados numa posição de algum lugar primordial, mas estendendo-nos em todas as direções do nosso mundo através de suas ramificações. É assim que vivemos – temos a sorte de viver – esse processo compartilhado de mutação cultural, essa convergência que nos liberta da uniformidade".

[33] Como diz Oyéwùmi (2002, p. 410), "muitos historiadores contemporâneos dão como certo que, com um par de exceções, todos os governantes das listas são do sexo masculino, mas em que se baseiam para supor isso? No mínimo, a base para atribuir o sexo a cada governante tem que ser explicado pelo período durante o qual não houve crônicas escritas. Como os termos *oba* (governante) e *alààfin* (governante) não têm marca de gênero, os historiadores precisam fornecer evidências para essas suposições de gênero".

eurocêntrico humanidade/natureza foi bastante excepcional, exótico e destrutivo. A ideia de que a natureza nos pertence era totalmente incompreensível para o mundo não europeu. Nesse mundo, ao contrário, prevalecia a concepção segundo a qual pertencemos à natureza. À luz da atual crise ecológica, a história das emergências revela-se uma antecipação anacrônica das preocupações ecológicas que caracterizam nossos tempos.

Por último, a história das emergências questiona a monocultura do produtivismo capitalista à medida que resgata a diversidade dos meios de vida que prevaleciam no mundo não europeu. Longe de serem residuais, esses modos não europeus de reproduzir e expandir a vida social implicaram – de diferentes maneiras e em diferentes momentos – a sobrevivência, a adaptação, a subversão e a resistência sob condições muito desiguais de poder. Aqui, uma vez mais, a história das emergências resgata um passado-presente em vez de um passado-passado. Funciona como uma antecipação das atuais reivindicações comunitárias, segundo as quais as economias não capitalistas (camponesas, cooperativas, parcelárias, indígenas, populares, feministas, associativas) formam parte integral das lutas que enfrentam e transcendem o capitalismo, o colonialismo e o patriarcado.

A história das ausências e a história das emergências são ao mesmo tempo um produto e um fator de capacitação das lutas de libertação ou emancipação. Ambas testemunham que o passado não está fechado e que as lutas sociais podem, assim, ser reforçadas (Santos, 2014, 2019; Santos; Meneses, 2020). Juntas, tornam possível a descolonização da história. O seu objetivo é interromper a história dominante e irromper como formas de inovação cognitiva e criatividade. Juntas, mostram que não é possível escrever a história da libertação sem libertar a história.

> *Se a dominação imperialista tem a necessidade vital de praticar a opressão cultural, a libertação nacional não pode ser senão um ato de cultura* (Cabral, 1979, p. 143).

9. A edição descolonial da história é sempre inacabada e reversível. Enquanto a história das ausências permite medir o temor realista, a história das emergências assenta as bases para uma esperança realista. No entanto, também precisamos ser conscientes de que a edição descolonial da história precisa estar à altura da consequente aporia. Por si só, não pode garantir que não se repitam as atrocidades e injustiças sistêmicas do passado, nem evitar que retornem as narrativas históricas dominantes desse passado. A descolonização da história deve estar atenta ao perigo de recolonizar a história, enquanto dure a dominação capitalista, colonialista, patriarcal, religiosa, castista e capacitista.

CAPÍTULO 3
A ferida, a luta e a cura

Uma das características mais intrigantes das sociedades que estiveram sujeitas ao colonialismo histórico europeu é a permanência, após a independência, de relações de tipo colonial sob velhas e novas formas, tanto internas como internacionais. Dois desses tipos estão há muito identificados. São o colonialismo interno e o neocolonialismo/imperialismo. O conceito de colonialismo interno refere-se ao modo como as elites que sucederam os colonizadores europeus – que, no caso das Américas, da Nova Zelândia e da Austrália eram descendentes destes – apropriaram-se do poder e das terras que antes tinham sido usurpados pelos colonizadores. De tal modo o fizeram que os povos nativos/originários ou trazidos como escravos continuaram sujeitos ao mesmo tipo de dominação colonial, quando não foram exterminados, o que aconteceu particularmente na América do Norte. O conceito de neocolonialismo refere-se à dependência sobretudo econômica (e, por vezes, militar) dos novos países em relação à antiga potência colonizadora, enquanto o conceito de imperialismo se refere ao mesmo tipo de relações entre os países hegemônicos do Norte global (centro do moderno sistema mundial) e os países dependentes do Sul global (periferia e semiperiferia do moderno sistema mundial).

Penso que a continuidade dinâmica das relações coloniais assenta na permanência, ao longo dos últimos cinco séculos, de três modos principais de dominação: o capitalismo (desigualdade classista), o colonialismo (desigualdade etnorracista) e o patriarcado (desigualdade sexista e redução da diversidade de gênero a homens e mulheres). Todos estes modos de dominação foram concomitantes de epistemicídio (desqualificação dos saberes não eurocêntricos como residuais, atrasados ou mesmo perigosos e blasfemos). Tanto o colonialismo como o patriarcado existiram muito antes do capitalismo e foram exercidos por outros povos que não os europeus, mas foram profundamente reconfigurados a partir do momento em que foram articulados com o capitalismo. Por outro lado, essas formas de dominação também vigoraram e vigoram no interior dos antigos países colonizadores, ainda que de modos muito diferentes. As independências políticas alteraram (com intensidades diversas) estas três dominações, mas não as eliminaram. O modo como as dominações se dispuseram nas colônias e antigas colônias teve as características gerais analisadas a seguir.

A ferida colonial

Supressão epistemológica. A supressão ou negação de todos os conhecimentos discrepantes dos conhecimentos religioso e científico trazido pelos colonizadores, mesmo que tais conhecimentos existissem desde tempos imemoriais e fossem os que davam sentido à vida das populações.

Quando não suprimidos, esses conhecimentos foram transformados em informação a ser apropriada e validada pelo conhecimento eurocêntrico (a ciência moderna).

Mito do desenvolvimento. A história dos povos anterior à invasão colonial foi violentamente interrompida, e os povos invadidos foram forçados a esquecer a sua história e a entrar na história dos colonizadores, a história mundial como metonímia da história da expansão europeia. Em relação a esta última, os povos invadidos e mais tarde independentes foram considerados atrasados, menos desenvolvidos e foram incitados a mobilizar-se para se modernizar e se desenvolver. Não do modo que quisessem e para os objetivos que decidissem, mas do modo seguido pelos países colonizadores ou ex-colonizadores e para os objetivos por eles adotados. Um dia, seriam todos igualmente desenvolvidos – um dia que nunca chegou.

Predominância de exclusões abissais. O modo como se articularam globalmente as três dominações fez com que nas colônias e ex-colônias o poder desigual gerado pelo colonialismo (racismo, roubo de terras, divisão das populações entre assimilados e indígenas) e pelo patriarcado (sexismo, feminicídio, homofobia) fosse particularmente violento e atingisse mais populações. O poder assentava na ideia de que as populações vítimas dele eram compostas por seres naturalmente inferiores, a quem, por essa razão, não era pensável aplicar o mesmo direito que regulava as relações entre colonizadores e entre seus descendentes. Essa dualidade jurídica poderia ser formal ou informal, mas configuraria sempre uma exclusão sem garantias de proteção eficaz das populações racializadas ou sexualizadas.

Confinamento ao particular e local. As práticas e os conhecimentos das populações coloniais e ex-coloniais foram sempre considerados exceções locais ou particulares em relação às práticas e conhecimentos dos colonizadores e seus descendentes, umas e outros considerados universais e globais, por mais que fossem, na sua origem, particularismos e localismos eurocêntricos.

O mito da preguiça. Finalmente, as populações coloniais e ex-coloniais foram consideradas preguiçosas, pouco produtivas, avessas ao trabalho árduo, o que "justificou" a escravatura e o trabalho forçado, modelos de superexploração do trabalho que, sob outras formas, continuam a vigorar. Ao longo do século XX, os modos de vida dessas populações adquiriram um glamour especial transformado em mercadoria pela indústria global do turismo.

De tudo isto resultou o que hoje se designa por *ferida colonial*, uma ferida que, em realidade, decorre de uma articulação específica entre capitalismo, colonialismo e patriarcado, caracterizada pela extensão e intensidade com que as maiorias (muitas vezes designadas como minorias) são tratadas como seres inferiores e objetos de violência impune. Nos últimos 150 anos, os povos e as populações que foram e continuam sujeitas ao colonialismo dos europeus e seus descendentes têm vivido uma dura experiência de oscilações sem fim entre períodos de expectativas de libertação e de vida digna e períodos de frustração ante o regresso, por vezes agravado, das formas mais violentas de dominação e de sujeição por parte das elites e sua tríplice supremacia classista, racial e sexual. A apropriação privada, muitas vezes violenta e ilegal, de bens comuns – sejam eles recursos naturais, humanos, institucionais, culturais – parece continuar sem fim à vista.

Luta sem cura?

A ferida colonial impediu que as populações oprimidas pela tríplice dominação considerassem o seu passado como fechado e, pelo contrário, o concebessem como uma tarefa ou missão por cumprir. Foi assim que o futuro foi sendo constituído em promessa da cura da ferida colonial e da violência que ela constituía. No entanto, em face do ciclo vicioso entre expectativa e frustração, o futuro próximo foi se tornando distante, até chegarmos ao nosso tempo paradoxal, simultaneamente vertiginoso e estagnado, em que a cura da ferida colonial parece destinada a ser uma miragem. Não há alternativas? Esta pergunta faz muito pouco sentido para aqueles e aquelas que diariamente têm de procurar alternativas para continuar a viver com dignidade, alimentar os filhos ou sobreviver à violência impune. A razão está em que o ciclo vicioso das expectativas e frustrações nunca é vicioso para quem luta e enquanto luta. Há sempre esperança que desta vez seja diferente. A história, afinal, nunca se repete. É a esperança que cria a luta, e, paradoxalmente, é também a luta que cria a esperança. Daí que a dominação, por mais injusta e violenta que seja, só se torne intolerável quando há resistência e luta. Houve progressos? Sim, mas não houve progresso. A abolição da escravatura foi um progresso, mas foi persistentemente substituído pelo "trabalho análogo ao trabalho escravo" (designação proposta pela ONU), que hoje continua a aumentar. Ou seja, muitas das transições que foram imaginadas como passagem para uma sociedade mais justa e qualitativamente melhor foram, de fato, quase sempre momentos de um ciclo, momentos de esperança, de progresso e de justiça, que logo depois foram seguidos pela reação conservadora e mesmo violenta das novas e velhas classes dominantes e suas elites, ciosas dos seus privilégios, com o consequente rosário de retrocessos, fossem eles o regresso da fome, do autoritarismo, da guerra, da violência caótica contra as populações oprimidas. Será que tudo volta ao princípio, ou tal ideia é apenas uma construção de intelectuais pessimistas?

Se tomarmos o Brasil como exemplo, verificamos que o país atravessa neste momento um ciclo político conservador de frustração e de retrocesso social para as classes populares que é a resposta das classes e elites dominantes ao ciclo progressista e de esperança que se inaugurou com o primeiro governo de Lula da Silva. Os avanços na distribuição de rendimento, na democratização da educação, nos direitos laborais e nas políticas sociais em geral começaram a ser contestados a partir de 2016 e a ser ativamente neutralizados a partir de 2018. Essa fase do ciclo tem hoje no bolsonarismo a sua expressão mais radical e está longe de estar esgotada. As medidas do período progressista que mais incomodaram as elites conservadoras (e das classes médias que nelas se reveem) tiveram a ver com políticas em que o capitalismo, o colonialismo e o patriarcado mais visivelmente se articulavam, como no que diz respeito aos direitos laborais das empregadas domésticas (na sua grande maioria mulheres negras e pobres), ao sistema de cotas (ações afirmativas) no acesso à universidade que beneficiaram maioritariamente os filhos de famílias afrodescendentes pobres, ou ainda às leis que alteraram o regime das sexualidades e o impacto que tiveram nas concepções tradicionais de família (casamento entre pessoas do mesmo sexo). De algum modo, essa mudança de ciclo teve no passado uma outra versão quando a fase progressista dos governos de Juscelino Kubitschek e João Goulart (que incluía a reforma agrária) teve como resposta conservadora o golpe de 1964 e a ditadura militar que duraria 21 anos.

Foi assim até agora. Continuará a ser no futuro? Para os que sofrem na pele os retrocessos e a violência, a luta recomeça, e assim os pais do desespero geram filhos da esperança. Acontece que nas últimas décadas houve uma mudança significativa no modo como os ciclos da esperança e do medo, da expectativa e da frustração são vividos pelas populações oprimidas. Essa mudança deveu-se a duas condições históricas novas. Por um lado, a democracia liberal, que até a década de 1980 era concebida como um regime que exigia algumas precondições para se implantar e consolidar (reforma agrária, existência de classes médias, nível de urbanização), passou a partir de então a ser concebida como não exigindo quaisquer precondições e, pelo contrário, como sendo a precondições da legitimidade para qualquer sistema político. A democracia, uma vez esvaziada dos seus objetivos sociais, permite uma oscilação temporalmente delimitada entre expectativa e frustração. A opção entre partidos, por mais aparente que seja o seu impacto na vida concreta das pessoas, assume sempre a grande dramaticidade das noites eleitorais, o que lhe confere renovada realidade. Por outro lado, a revolução das tecnologias de informação e de comunicação veio criar condições para um controle ideológico das subjetividades sem precedentes que as forças de direita e de extrema-direita, quase sempre associadas às religiões evangélicas fundamentalistas (sobretudo neopentecostais), souberam explorar muito mais intensamente que as forças progressistas. O medo e a esperança, a frustração e a expectativa passaram a ser mercadorias psíquicas produzidas incessantemente pelas indústrias profanas e religiosas da subjetividade. A tentativa de destruir a memória visa transformar o medo e a esperança em posições em jogos de vídeo.

A luta pela cura

Este quadro mostra a dimensão das tarefas necessárias para inverter o movimento conservador dos ciclos e, sobretudo, para converter os ciclos em espirais em que vão se consolidando práticas de vida livre, justa, digna para grupos populacionais cada vez mais vastos. Por mais abstrato que pareça, no centro das tarefas está a luta por justiça epistêmica para que as populações mais fustigadas pela dominação capitalista, racista e sexista possam representar o mundo como seu e, assim, lutar pelas transformações que melhor as defendam dos empresários da manipulação do medo e da esperança.

CAPÍTULO 4

Ao encontro de outros universos culturais

É difícil imaginar que se possa partilhar uma viagem com alguém que vem na direção oposta. E, contudo, penso que essa estranha partilha é talvez o que melhor caracteriza o nosso tempo, pelo menos no plano cultural. Vindos de histórias e trajetórias muito diferentes, da acumulação de derrotas ou de vitórias multisseculares, diferentes universos culturais – filosóficos, estéticos, políticos, ontológicos, epistemológicos ou éticos – parecem estar hoje mais expostos do que nunca à confrontação com universos rivais, em condições que não permitem gestos unilaterais, seja de assimilação forçada, seja de conquista e ocupação. As desigualdades de poder entre esses universos existem e estão historicamente sedimentados, mas estão cada vez mais desigualmente distribuídas entre as diferentes áreas da vida coletiva ou entre as diferentes regiões do mundo. As trajetórias opostas convergem num campo de incerteza máxima que produz instabilidade e desassossego. A partilha da incerteza tende a resultar na incerteza da partilha. O universo cultural ocidental eurocêntrico vem de uma longa trajetória de conquistas e vitórias históricas que parece ter chegado ao fim. A Europa passou cinco séculos a dominar e a ensinar o mundo não europeu, e acha-se hoje cada vez mais na situação de já não ser capaz de dominar e de não ter nada a ensinar (Santos, 2019, p. 51-72).

O drama do universo cultural que se considera historicamente o vencedor é não querer aprender nada dos universos culturais que se acostumou a derrotar e a ensinar. Por sua vez, os universos culturais não ocidentais, sejam eles orientais (chineses, indianos), islâmicos, africanos ou aborígenes das Américas ou Oceania, vêm de trajetórias de derrotas históricas infligidas pelo universo cultural ocidental, derrotas, porém, muito variadas quanto a âmbito e duração. Tais universos sofreram diferentes processos de desfiguração, aculturação (ou, antes, inculturação ou desculturação), mas sobreviveram e hoje assumem uma nova confiança, uma nova autoestima e um novo sentido de futuro, de que resulta a percepção de que a derrota acabou. Que tipo de partilha pode-se esperar dessas trajetórias que seguem em direções opostas? Será que de algum modo se encontram ou convergem, ou será que vão falhar a possibilidade do encontro e seguir, antes, no sentido de confrontações de contornos desconhecidos?

Este é um tempo de bifurcações em que os desfasamentos e os conflitos são potencialmente tão destrutivos quanto potencialmente enriquecedores são os encontros e as convergências. A incerteza profunda daqui resultante deriva de quatro condições epocais: interregno, interrupção, transmigração e reflexividade profunda.

Interregno. Com referência ao que Antonio Gramsci escreveu na prisão entre 1929 e 1935 (Gramsci, 2022), o interregno é uma metáfora temporal que sugere uma temporalidade ambígua, em que a nova sociedade ainda não acabou de nascer, e a velha sociedade ainda não acabou de morrer. É um tempo de deformidades políticas, sociais e culturais, enfim, um tempo de monstros. A oscilação instável entre fortalecer o novo e salvar o velho é própria do interregno.

Interrupção. A interrupção é uma metáfora espacial que sugere uma ruptura ou fenda na ordem estabelecida, provocando uma suspensão, seja ela política ou filosófica. Essa suspensão pode ser maior ou menor ou mais ou menos duradoura. É a memória de um tempo que em cem anos viveu revoluções profundas, guerras devastadoras, prolongadas lutas de libertação anticolonial.

Transmigração. A transmigração é metáfora de um gesto externo que evoca a transitoriedade de relações sociais, de contrastes, de identidades e de constante perturbação de movimentos lineares. É tempo de transculturação, para usar o conceito que o sociólogo cubano Fernando Ortiz (1983) desenvolveu em 1940 para dar conta das novas sínteses culturais que emergiam nas Caraíbas, provindas de contatos culturais onde se misturavam culturas ibéricas, indianas, chinesas, inglesas e indígenas.

Reflexividade profunda. Por fim, a reflexividade profunda é metáfora de um gesto interno que implica revisitar a história. No período moderno, sobretudo depois do século XV, revisitar a história é descolonizar a história. É um tempo em que raízes se transformam em opções, e em que opções se transformam em raízes. É um tempo em que identidades são identificações e familiaridades são estranhamentos familiares. Um tempo em que o social e o político são também profundamente pessoais.

Interregno, interrupção, transmigração e reflexividade profunda tornam possíveis tanto novos tipos de conflitos como novos tipos de encontros, assim gerando contingências e hibridações insuspeitadas e surpreendentes. Duas características principais explicam o *Zeitgeist* contemporâneo. A primeira é, por um lado, a natureza apocalíptica de possíveis conflitos: desigualdade social sem precedentes, guerra nuclear, catástrofe ecológica iminente; por outro, o carácter exaltante de possíveis encontros e convergências: Fórum Social Mundial, diálogos interculturais, ecumenismos religiosos. As mesmas transformações sociais e culturais das últimas décadas que causaram enormes conflitos, desfasamentos e resistências geraram também condições e oportunidades para encontros e convergências de tipo novo. A segunda característica diz respeito ao investimento político e cultural num questionamento específico do passado que consiste em revisitar e reavaliar o patrimônio intelectual de antes do período moderno, mais exatamente de antes do colonialismo moderno e das hierarquias e conflitos entre universos culturais por ele gerados, patrimônio este que muitas vezes permaneceu apesar de fustigado e silenciado. Desde o início da expansão colonial europeia, no século XV, o colonialismo moderno foi um processo histórico determinante e violento que causou profundas feridas nas culturas e populações derrotadas, feridas que duram até hoje. Compreende-se que a revisitação e reavaliação do passado moderno ou pré-moderno ocorra sobretudo nos universos culturais que foram derrotados ou humilhados pela modernidade eurocêntrica, mas de igual modo é observado no interior do universo cultural eurocêntrico. A verdade é que, embora de modos diferentes, o colonialismo transformou as tradições culturais europeias tanto quanto transformou os universos culturais que subjugou ou tentou subjugar. Vistas da perspectiva eurocêntrica, tais transformações foram sempre consideradas progressos e enriquecimentos do conhecimento. Hoje (e, de fato, há algumas décadas), questiona-se tal balanço. Os inquestionáveis progressos constituíram um verdadeiro progresso? De tais enriquecimentos não resultaram também empobrecimentos, tanto para quem foi vencido e oprimido como para quem venceu e oprimiu?

Sem perder de vista a existência de opressores e oprimidos, perpetradores e vítimas, o gesto de identificar, confrontar e tentar sanar, na medida do possível, a ferida colonial em todo o seu enorme tamanho implica um certo tipo de movimentos recíprocos. Sem estes, perder-se-á a possibilidade da partilha e do encontro entre universos culturais transitando em direções opostas no mesmo espaço-tempo.

A fim de propiciar a partilha e o encontro, é necessário partir do princípio de que a injustiça social global, causada pelo colonialismo, pelo capitalismo e pelo patriarcado modernos, baseou-se num universo epistemológico, ontológico e cultural que sempre se caracterizou por sistemática e arrogantemente ignorar outras culturas, outras formas de ser e de saber, outras ontologias e outras epistemologias. Tudo isto resultou numa enorme perda e num grande desperdício de experiências – a destruição de conhecimento (epistemicídio) que justificou a subjugação e eliminação das populações que viviam à luz dessas culturas, desses saberes e dessas experiências sociais. A injustiça social global não é senão o outro lado da injustiça cognitiva global. Esta ignorância sistemática por parte do universo cultural ocidental designo-a eu como *ignorância ignorante*, para significar que, na maior parte dos casos, uma tal ignorância nunca deu conta de si própria. Simplesmente se parte do princípio de que nada há a conhecer para além daquilo que o universo eurocêntrico sabe, pensa que sabe ou permite que se saiba.

Em meu entender, a busca da justiça cognitiva não tem nada a ver com um qualquer projeto de conhecimento global, completo, supostamente universal ou unificado. O que proponho é o gesto epistêmico a que chamo *ignorância esclarecida* e *epistemologias do Sul*. Para o conceito de *ignorância esclarecida* inspiro-me no conceito de *docta ignorantia* de Nicolau de Cusa, filósofo alemão do século XV, para quem o objetivo último do nosso conhecimento é o de aprofundarmos a consciência do muito que não sabemos (Santos, 2008). Ancoradas na ignorância esclarecida, as *epistemologias do Sul* visam identificar e validar os saberes nascidos nas lutas contra os três modos principais de dominação eurocêntrica moderna: o capitalismo, o colonialismo e o patriarcado. Tais saberes incluem a ciência moderna, mas também muitos outros modos de conhecer, como saberes vernáculos, populares e insurgentes, ou sabedoria ancestral. Na sabedoria reside o principal limite da ciência. A ciência alimenta-se de quantidades potencialmente infinitas de informação para, a partir delas, produzir conhecimento de enorme causalidade eficiente. Sucede que a ciência só responde a perguntas que se podem formular cientificamente (a circularidade em espiral da ciência). Ora, muitas das perguntas que mais nos atormentam hoje e desde sempre não são científicas. Por que estamos aqui? Para onde vamos? Qual o papel dos antepassados no nosso presente? Qual o sentido da vida? O que é a felicidade? Deus existe? E quem somos nós para fazer tal pergunta? Nem sequer a pergunta – qual o sentido de produzir ciência? – pode ser formulada cientificamente. São todas estas perguntas importantes que a ciência ignora ou banaliza. No melhor dos casos, reconhece que estão para além do que se pode conhecer. Na ciência abunda em informação e conhecimento o que lhe falta em sabedoria. Não admira, pois, que em tempo de incerteza e de reflexão profunda sobre o futuro da humanidade recorra-se a outros universos culturais caracterizados por outros tipos de informação e de conhecimento que permitem o trânsito para a sabedoria. As epistemologias do Sul inserem-se no seu tempo incidindo nesse recurso sem perder de vista o contributo decisivo da ciência moderna para a nossa circunstância existencial, o nosso *Zeitgeist*, precisamente aquele que nos impele a ir para além da ciência. Para as epistemologias do Sul, a ciência moderna é obviamente um conhecimento válido, mas não o único conhecimento válido. Só questionando as raízes epistêmicas da dominação eurocêntrica será possível propiciar a partilha e o encontro que a nossa circunstância tão urgentemente reclama como a única alternativa ao absoluto e recíproco aniquilamento.

BIBLIOGRAFIA

ACHEBE, Chinua. Interview with Chinua Achebe. *Times Literary Supplement*, p. 209, 26 fev. 1982.

ACHEBE, Chinua. The African Writer and the English Language. In: ACHEBE, Chinua. *Morning Yet on Creation Day*. Nova York: Doubleday, 1964. p. 74-84.

ACHEBE, Chinua. *Things Fall Apart*. Nova York: Astor-Honor, 1959. [Edição em espanhol: *Todo se desmorona*. Barcelona: Debolsillo, 2010.]

AKE, Claude. *Democracy and Development in Africa*. Washington: Brookings Institute, 1996.

AL-JABARTI, Abd Al-Rahman. *Crónica de la ocupación francesa de Al-Jabart, 1798*. Princeton: Markus Wiener, 1993.

ALATAS, Syed. Ibn Khaldūn and Contemporary Sociology. *International Sociology*, v. 21, n. 6, p. 782-795, 2006.

AMADIUME, Ifi. *Daughters of the Goddess, Daughters of Imperialism: African Women Struggle for Culture, Power and Democracy*. Londres: Zed Books, 2000.

AMIN, Samir. *Accumulation on a World Scale: a Critique of a Theory of Underdevelopment*. Nova York: Monthly Review Press, 1974. 2 v.

ANDERSON, Perry. *Campos de batalla*. Barcelona: Anagrama, 1998.

BALDWIN, James. The White Man's Guilt. In: *Collected Essays*. Nova York: The Library of America, 1998. p. 272-277.

BECKETT, Samuel. *Worstward Ho*. Nova York: Grove Press, 1983.

BENJAMIN, Walter. *Illuminations*. Nova York: Schocken Books, 1969. [Edição em espanhol: *Iluminaciones*. Traducción de Jesús Aguirre e Rodolfo Blatt. Barcelona: Taurus, 2018.]

BERNABÉ, Jean; CHAMOISEAU, Patrick; CONFIANT, Raphaël. In Praise of Creoleness. *Callaloo*, v. 13, n. 4, p. 886-909, outono 1990. [Edição em espanhol: *Elogio de la creolidad*. Bogotá: Ed. Pontificia Universidad Javeriana, 2011.]

BHABHA, Homi. *The Location of Culture*. Londres: Routledge, 1994.

BHANDAR, Brenna. *Colonial Lives of Property: Law, Land, and Racial Regimes of Ownership*. Durham: Duke University Press, 2018.

BIKO, Steve. *I Write What I Like*. Nairóbi: Heinemann, 1979. [Edição em espanhol: *Escribo lo que me da la gana*. Maine: Hope, 2010.]

BOYD-BOWMAN, Peter. *Patterns of Spanish Emigration to the New World (1493-1580)*. Buffalo: State University of New York; Council on International Studies, 1973.

BUCK-MORSS, Susan. *Hegel, Haití y la historia universal*. Pittsburgh: University of Pittsburgh Press, 2009.

CABRAL, Amílcar. *Revolution in Guinea: Selected Texts*. Londres: Monthly Review, 1970.

CABRAL, Amílcar. *Return to the Source: Selected Speeches by Amilcar Cabral*. Nova York: Monthly Review Press, 1973.

CABRAL, Amílcar. Liberación nacional y cultura. In: *Unity and Struggle: Speeches and Writings*. Nova York: Monthly Review Press, 1979. p. 138-233.

CASTRO-GÓMEZ, Santiago; GROSFOGUEL, Ramón (Eds.). *El giro decolonial: reflexiones para una diversidad epistémica más allá del capitalismo global*. Bogotá: Ed. Pontificia Universidad Javeriana; Siglo del Hombre, 2007.

CAVALLERO, Lucí; GAGO, Verónica. *A Feminist Reading of Debt (Mapping Social Reproduction Theory)*. Londres: Pluto Press, 2021.

CÉSAIRE, Aimé. Letter to Maurice Thorez. *Social Text*, v. 28, n. 2, p. 145-152, 2010.

CÉSAIRE, Aimé. *Discours sur le colonialisme*. Paris: Présence Africaine, 1955. [Edição brasileira: *Discurso sobre o colonialismo*. Tradução de Claudio Willer. São Paulo: Veneta, 2020.]

CHATTERJEE, Partha. *Nationalist Thought and the Colonial World: a Derivative Discourse?*. Londres: Zed Books for the United Nations University, 1986.

CHEVALIER, Louis. *Classes laborieuses et classes dangereuses à Paris pendant la première moitié du XIX siècle*. Paris: Plon, 1958.

CONNELL, Raewyn. *Southern Theory: the Global Dynamics of Knowledge in Social Science*. Cambridge: Polity Press, 2007.

COSTA, Sérgio; GONÇALVES, Guilherme Leite. *A Port in Global Capitalism*. Londres: Routledge, 2020.

CUSICANQUI, Silvia Rivera. Ch'ixinakax utxiwa: a Reflection on the Practices and Discourses of Decolonization. *South Atlantic Quarterly*, v. 111, n. 1, p. 95-109, 2012. [Edição brasileira: *Ch'ixinakax utxiwa: uma reflexão sobre práticas e discursos descolonizadores*. Tradução de Ana Luiza Braga e Lior Zisman Zalis. São Paulo: n-1, 2021.]

DESOUZA, Peter Ronald. The Recolonization of the Indian Mind. *Revista Crítica de Ciências Sociais*, v. 114, p. 137-160, 2017.

DIAGNE, Souleymane. *Open to Reason: Muslim Philosophers in Conversation with Western Tradition*. Nova York: Columbia University Press, 2018.

DU BOIS, W. E. B. *The Souls of Black Folk*. Chicago: A. C. McClurg & Co., 1903. [Edição brasileira: *As almas do povo negro*. São Paulo: Veneta, 2021.]

DU BOIS, W. E. B. The Study of the Negro Problems. *Annals of the American Academy of Political and Social Science*, v. 11, p. 1-23, 1898.

DUSSEL, Enrique. Eurocentrism and Modernity (Introduction to the Frankfurt Lectures). *Boundary 2*, v. 20, n. 3, p. 65-76, 1993.

DUSSEL, Enrique. World-System and "Trans" Modernity. *Nepantla: Views from the South*, v. 3, n. 2, p. 221-245, 2002.

ESCOBAR, Arturo. Beyond the Third World: Imperial Globality, Global Coloniality and Anti-Globalisation Social Movements. *Third World Quarterly*, v. 25, n. 1, p. 207-230, 2004.

FANON, Frantz. *Les damnés de la Terre*. Paris: Maspero, 1961. [Edição brasileira: *Os condenados da terra*. Juiz de Fora: UFJF, 2006.]

FANON, Frantz. *Peau noire, masques blancs*. Paris: Seuil, 1952. [Edição brasileira: *Pele negra, máscaras brancas*. Tradução de Sebastião Nascimento, com colaboração de Raquel Camargo. São Paulo: Ubu, 2020.]

FANON, Frantz. *The Wretched of the Earth*. Nova York: Grove Press, 1968. [Edição brasileira: *Os condenados da terra*. Juiz de Fora: UFJF, 2006.]

FEDERICI, Silvia. *Re-enchanting the World: Feminism and the Politics of the Commons*. Oakland: Kairos/PM Press, 2018. [Edição brasileira: *Reencantando o mundo: feminismo e políticas dos comuns*. Tradução de Coletivo Sicorax. São Paulo: Elefante, 2022.]

FEDERICI, Silvia. *Revolution at Point Zero: Housework, Reproduction and Feminist Struggle*. Oakland: Common Notions/PM Press, 2012. [Edição brasileira: *O ponto zero da revolução: trabalho doméstico, reprodução e luta feminista*. Tradução de Coletivo Sicorax. São Paulo: Elefante, 2018.]

FERNANDES, Jason Keith. *Citizenship in a Caste Polity: Religion, Language and Belonging in Goa*. Hyderabad: Orient Blackswan, 2020.

FERNÁNDEZ RETAMAR, Roberto. *"Nuestra América": cien años y otros acercamientos a Martí*. La Habana: Si-Mar, 1995.

GALLIEN, Claire. A Decolonial Turn in the Humanities. *Alif: Journal of Comparative Poetics*, v. 40, p. 28-58, 2020.

GANDHI, Mahatma. *Satyagraha in South Africa*. Ahmedabad: Navajivan, 2001.

GANDHI, Mahatma. *The Gandhi Reader*. Bloomington: Indiana University Press, 1956.

GARCÍA FERNÁNDEZ, Javier. *Génesis del capitalismo andaluz en la primera modernidad europea (siglos XIV–XVI)*. 332 f. 2020. Tese (Doutorado em Pós-Colonialismos e Cidadania Global) – Universidade de Coimbra, 2020.

GARCÍA-ARENAL, Mercedes; WIEGERS, Gerard Albert (Eds.). *Los Moriscos: expulsión y diáspora – perspectivas internacionales*. València: Universitat de València, 2013.

GILROY, Paul. *The Black Atlantic: Modernity and Double Consciousness*. Cambridge, Mass.: Harvard University Press, 1993. [Edição brasileira: *O Atlântico negro: modernidade e dupla consciência*. Tradução de Cid Knipel. São Paulo: Editora 34, 2012.]

GLISSANT, Édouard. (1989). *Caribbean Discourse: Selected Essays*. Charlottesville: University of Virginia Press, 2020.

GLISSANT, Édouard. *Discurso caribeño: ensayos seleccionados*. Tradução e introdução de J. Michael Dash. Charlottesville: CARAF Books, 1989.

GLISSANT, Édouard. *Poetics of Relation*. Ann Arbor: University of Michigan Press, 1997. [Edição brasileira: *Poética da relação*. Tradução de Marcela Vieira e Eduardo Jorge de Oliveira. Rio de Janeiro: Bazar do Tempo, 2021.]

GLISSANT, Édouard. *Treatise on the Whole-world*. Tradução de Celia Britton. Liverpool: Liverpool University Press, 2020. [Edição em espanhol: *Tratado del todo-mundo*. Tradução de Maria Teresa Gallego Urrutia. Madri: El Cobre, 2006.]

GOLDMANN, Lucien. *La création culturelle dans la société moderne*. Paris: Denoël/Gonthier, 1971.

GONZÁLEZ CASANOVA, Pablo. Internal Colonialism and National Development. *Studies in Comparative International Development*, v. 1, n. 4, p. 27-37, 1965.

GORDON, Jane. *Creolizing Political Theory: Reading Rousseau through Fanon*. Nova York: Fordham University Press, 2014.

GORDON, Lewis R. *Fanon and the Crisis of European Man: an Essay on Philosophy and the Human Sciences*. Nova York: Routledge, 1995.

GORDON, Lewis R. *What Fanon Said: a Philosophical Introduction to His Life and Thought*. Nova York: Fordham University Press, 2015.

GRAMSCI, Antonio. *Cadernos do cárcere*. Rio de Janeiro: Civilização Brasileira, 2022. 3 v.

GROSFOGUEL, Ramón. La descolonización del conocimiento: diálogo crítico entre la visión descolonial de Franz Fanon y la sociología descolonial de Boaventura de Sousa Santos. In: *Actas del IV Training Seminar del Foro de Jóvenes Investigadores en Dinámicas Interculturales*. Barcelona: Centro de Estudios y Documentación Internacionales de Barcelona, 2011. p. 97-108.

GROSFOGUEL, Ramón. The Epistemic Decolonial Turn: Beyond Political-Economy Paradigms. In: MIGNOLO, Walter D.; ESCOBAR, Arturo (Eds.). *Globalization and the Decolonial Option*. Nova York: Routledge, 2010. p. 65-77.

GUHA, Ranajit. On Some Aspect of the Historiography of Colonial India. In: GUHA, Ranajit (Ed.). *Subaltern Studies I: Writings on South Asian History and Society*. Nova Délhi: Oxford University Press, 1982. p. 1-8.

GURR, Andrew; ZIRIMU, Pio (Eds.). *Black Aesthetics: Papers from a Colloquium Held at the University of Nairobi*. Nairóbi: East African Literature Bureau, 1971.

HALL, Stuart. The Question of Cultural Identity. In: HALL, Stuart; HELD, David; MCGREW, Anthony (Eds.). *Modernity and its Futures*. Cambridge: Polity Press, 1992. p. 274-316.

HARDT, Michael; NEGRI, Antonio. *Empire*. Cambridge: Harvard University Press, 2000. [Edição em espanhol: *Imperio*. Buenos Aires: Paidós, 2002. Edição brasileira: *Império*. Rio de Janeiro: Editora Record, 2001.]

HARRAK, Fatima. A Salafiya Marroquina e a Questão Feminina: leitura de *l'Autocritique de Allal el-Fassi*. *Cadernos Pagu*, v. 30, p. 53-74, 2008.

HARVEY, David. *A Brief History of Neoliberalism*. Nova York: Oxford University Press, 2005.

HARVEY, David. *The New Imperialism*. Nova York: Oxford University Press, 2003.

HOBBES, Thomas. (1651). *Leviathan*. Editado por C. B. Macpherson. Middlesex: Pelican Classics, 1976. [Edição brasileira: *Leviatã*. 2. ed. São Paulo: Martin Claret, 2009.]

HOUNTONDJI, Paulin (Ed.). *Endogenous Knowledge: Research Trails*. Dakar: CODESRIA, 1997.

HUREWITZ, Jacob Coleman (Ed.). *The Middle East and North Africa in World Politics*. New Haven; Londres: Yale University Press, 1975.

JAMES, C. L. R. *The Black Jacobins: Toussaint L'Ouverture and the San Domingo Revolution*. Nova York: Vintage Books/Random House, 1963.

KANE, Ousmane. *Intellectuels non europhones*. Dakar: CODESRIA, 2003.

KHALDUN, Ibn. (1377). *The Muqaddimah: an Introduction to History*. Tradução de Franz Rosenthal. Nova York: Princeton, 1958. 3 v. [Edição em espanhol: *Introducción a la historia universal*. México: Fondo de Cultura Económica, 2011.]

KI-ZERBO, Joseph. *Histoire de l'Afrique noire: D'hier à demain*. Paris: Hatier, 1972.

KRENAK, Ailton. *O amanhã não está à venda*. São Paulo: Companhia das Letras, 2020.

KUSCH, Rodolfo. *El pensamiento indígena y popular en América*. Buenos Aires: Hachette, 1977.

LANDER, Edgardo (Ed.). *La colonialidad del saber: eurocentrismo y ciencias sociales: perspectivas latinoamericanas*. Buenos Aires: CLACSO, 2000.

LATIN AMERICAN SUBALTERN Studies Group. Founding Statement. *Boundary 2*, v. 20, n. 3, p. 110-121, 1993.

LÊNIN, Vladimir I. *Imperialism, the Highest Stage of Capitalism*. Moscou: Progress Publishers, 1977. [Edição em espanhol: *El imperialismo, fase superior del capitalismo*. Pequim: Editorial del Pueblo, 1966.]

LOOMBA, Ania. *Colonialism/Postcolonialism*. Londres: Routledge, 2002.

LUGONES, María. The Coloniality of Gender. In: MIGNOLO, Walter D.; ESCOBAR, Arturo (Eds.). *Globalization and the Decolonial Option*. Londres: Routledge, 2010. p. 369-390.

LUXEMBURGO, Rosa. Die Ordnung herrscht in Berlin. *Die Rote Fahne*, v. 14, n. 2, 1919.

LUXEMBURGO, Rosa. *The Accumulation of Capital*. Londres: Routledge, 2003. [Edição em espanhol: *La acumulación del capital*. Buenos Aires: Terramar, 2007.]

MADLINGOZI, Tshepo. Social Justice in a Time of Neo-apartheid Constitutionalism: Critiquing the Anti-black Economy of Recognition, Incorporation and Distribution. *Stellenbosch Law Review*, v. 28, p. 123-147, 2017.

MALDONADO-TORRES, Nelson. On the Coloniality of Being. *Cultural Studies*, v. 21, n. 2-3, p. 240-270, 2007.

MAMA, Amina. *Women's Studies and Studies of Women in Africa During the 1990s*. Dakar: CODESRIA, 1996.

MAMDANI, Mahmood. *Citizen and Subject: Contemporary Africa and the Legacy of Late Colonialism*. Princeton: Princeton University Press, 1996.

MAMDANI, Mahmood. *Ni colono ni nativo: la creación y desintegración de minorías permanentes*. Cambridge, Massachusetts: Belknap Press, 2020.

MARIÁTEGUI, José Carlos. *Siete ensayos de interpretación de la realidad peruana*. Barcelona: Lingkua, 2009.

MARIMOUTOU, Jean-Claude Carpanin; VERGÈS, Françoise. *Amarres: créolisations india-océanes*. Paris: L'Harmattan, 2005.

MARTÍ, José Julián. *Selected Writings*. Londres: Penguin Books, 2002.

MARX, Karl. *Capital*. Londres: Penguin, 1981. v. 3. [Edição em espanhol: *O capital*. São Paulo: Veneta, 2014. v. 3. Edição brasileira: *O capital: crítica da economia política – o processo global da produção capitalista*. Edição de Friedrich Engels. Tradução de Rubens Enderle. São Paulo: Boitempo, 2017. v. 3.]

MARX, Karl. The Eighteenth Brumaire of Louis Bonaparte. In: MARX, Karl; ENGELS, Friedrich. *Basic Writings on Politics and Philosophy*. Garden City: Doubleday, 1959. p. 320. [Edição brasileira: *O 18 de Brumário de Luís Bonaparte*. Tradução de Nélio Schneider. 1. ed. São Paulo: Boitempo, 2011.]

MARX, Karl. Theses on Feurbach. In: *The German Ideology: Including Theses on Feuerbach and Introduction to The Critique of Political Economy*. Nova York: Prometheus, 1998. p. 569-574. [Edição em espanhol: MARX, Karl; ENGELS, Friedrich. *Tesis sobre Feuerbach*. Moscou: Progreso, 1959. p. 7-9. (Obras escogidas, 1.) Edição brasileira: *A ideologia alemã*. Tradução de Rubens Enderle, Nélio Schneider e Luciano Martorano. São Paulo: Boitempo, 2007.]

MBEMBE, Achille. *Critique de la raison nègre*. Paris: La Découverte, 2013. [Edição brasileira: *Crítica da razão negra*. Tradução de Sebastião Nascimento. São Paulo: n-1, 2018.]

MBEMBE, Achille. Necropolitics. *Public Culture*, v. 15, n. 1, p. 11-40, 2003.

MEMMI, Albert. *The Colonizer and the Colonized*. Nova York: Orion Press, 1965. [Edição em espanhol: *Retrato del colonizado, precedido por el retrato del colonizador*. Buenos Aires: Ediciones de la Flor, 1969.]

MENESES, Maria Paula. Images Outside the Mirror? Mozambique and Portugal in World History. *Human Architecture*, v. 9, p. 121-137, 2011.

MENESES, Maria Paula. Colonialismo como violência: a "missão civilizadora" de Portugal em Moçambique. *Revista Crítica de Ciências Sociais*, número especial, p. 115-140, 2018.

MIGNOLO, Walter D. Delinking: the Rhetoric of Modernity, the Logic of Coloniality, and the Grammar of De-coloniality. *Cultural Studies*, v. 21, n. 2, p. 449-514, 2007.

MIGNOLO, Walter D. *Local Histories/Global Designs: Coloniality, Subaltern Knowledges, and Border Thinking*. Princeton: Princeton University Press, 2000. [Edição brasileira: *Histórias locais/projetos globais: colonialidade, saberes subalternos e pensamento liminar*. Tradução de Solange Ribeiro de Oliveira. 1. ed. rev. Belo Horizonte: Editora UFMG, 2020.]

MIGNOLO, Walter D. *The Darker Side of Western Modernity*. Durham: Duke University Press, 2011.

MKANDAWIRE, Thandika (Ed.). *African Intellectuals: Rethinking Politics, Language, Gender and Development*. Londres: Zed Books, 2005.

MONDLANE, Eduardo C. *The Struggle for Mozambique*. Londres: Penguin Books, 1969.

MOYO, Sam. *African Land Questions, Agrarian Transitions and the State: Contradictions of Neo Liberal Land Reforms*. Dakar: CODESRIA, 2008.

MUDIMBE, Valentin Y. *The Invention of Africa: Gnosis, Philosophy, and the Order of Knowledge*. Bloomington: Indiana University Press, 1988.

NAIR, Rukmini Bhaya; DESOUZA, Peter Ronald (Eds.). *Keywords for India: A Conceptual Lexicon for the 21st Century*. Londres: Bloomsbury, 2020.

NANDY, Ashis. *The Intimate Enemy: Loss and Recovery of Self Under Colonialism*. Oxford: Oxford University Press, 1988.

NANDY, Ashis. *Traditions, Tyranny, and Utopias: Essays in the Politics of Awareness*. Nova York: Oxford University Press, 1992.

NDLOVU-GATSHENI, Sabelo. *Epistemic Freedom in Africa: Deprovincialization and Decolonization*. Nova York: Routledge, 2018.

NKRUMAH, Kwame. *Neo-colonialism: the Last Stage of Imperialism*. Londres: Thomas Nelson & Sons, 1965. [Edição em espanhol: *Neocolonialismo: la última etapa del imperialismo*. México: Siglo XXI, 1966.]

NYAMNJOH, Francis B. *#RhodesMustFall: Nibbling at Resilient Colonialism in South Africa*. Bamenda: Langaa RPCIG, 2016.

NYERERE, Julius K. *Ujamaa Essays on Socialism*. Dar es-Salaam: Oxford University Press, 1968.

ORTIZ, Fernando. *Contrapunteo cubano del tabaco y el azúcar*. Havana: Editorial de Ciencias Sociales, 1983.

ORTIZ, Simon J. Towards a National Indian Literature. Cultural Authenticity in Nationalism. *Melus*, v. 8, n. 2, p. 7-12, verão 1981.

ORUKA, Odera H. (Ed.). *Sage Philosophy: Indigenous Thinkers and Modern Debate on African Philosophy*. Leiden: Brill, 1990.

OYÉWÙMI, Oyèrónké. *The Invention of Women: Making an African Sense of Western Gender Discourses*. Minneapolis; Londres: University of Minnesota Press, 2002. [Edição brasileira: *A invenção das mulheres: construindo um sentido africano para os discursos ocidentais sobre gênero*. Tradução de Wanderson Flor do Nascimento. Rio de Janeiro: Bazar do Tempo, 2021.]

OYĚWÙMÍ, Oyèrónké. *The Invention of Women. Making an African Sense of Western Gender Discourses*. Minneapolis: University of Minnesota Press, 1997.

P'BITEK, Okot. *Song of Lawino: a Lament*. Nairóbi: East African Publishing House, 1966.

QUIJANO, Aníbal. Colonialidad y modernidad/racionalidad. *Perú Indígena*, v. 29, p. 11-20, 1991.

QUIJANO, Aníbal. Coloniality of Power, Eurocentrism, and Latin America. *Nepantla: Views from the South*, v. 1, n. 3, p. 533-580, 2000.

RAMOSE, Mogobe. *African Philosophy through Ubuntu*. Harare: Mond Books Publishers, 2002.

RAMOSE, Mogobe. Justice and Restitution in African Political Thought. In: COETZEE, P. H.; ROUX, A. P. J. (Eds.). *The African Philosophy Reader*. Londres: Routledge, 2002. p. 462-500.

REDDY, E. S. Some of Gandhi's Early Views on Africans Were Racist, but that Was before He Became Mahatma. *The Wire*, 18 out. 2016. Disponível em: https://bit.ly/3TXvYg0. Acesso em: 1 set. 2022.

RODNEY, Walter. *How Europe Underdeveloped Africa*. Dar-es-Salaam: Tanzanian Publishing House, 1973. [Edição em português: *Como a Europa subdesenvolveu a África*. Lisboa: Seara Nova, 1975. Edição brasileira: *Como a Europa subdesenvolveu a África*. São Paulo: Boitempo, 2022.]

SAID, Edward. *Culture and Imperialism*. Nova York: Chatto & Windus, 1993. [Edição em espanhol: *Cultura e imperialismo*. Barcelona: Debolsillo, 2019.]

SAID, Edward. *Orientalism*. Nova York: Pantheon Books, 1978. [Edição em espanhol: *Orientalismo*. Madri: al-Quibla, 1990. Edição brasileira: *Orientalismo: o Oriente como invenção do Ocidente*. São Paulo: Companhia de Bolso, 2007.]

SANKARA, Thomas. *Venceremos: discursos escolhidos*. Lisboa: Falas Afrikanas, 2020.

SANTOS, Boaventura de Sousa; MENESES, Maria Paula (Eds.). *Knowledges Born in Struggle*. Nova York: Routledge, 2020. [Edição em espanhol: *Conocimientos nacidos en las luchas*. Madri: Akal, 2020.]

SANTOS, Boaventura de Sousa. *Toward a New Common Sense: Law, Science and Politics in the Paradigmatic Transition*. Nova York: Routledge, 1995.

SANTOS, Boaventura de Sousa. Between Prospero and Caliban: Colonialism, Postcolonialism, and Interidentity. *Luso-Brazilian Review*, v. 39, n. 2, p. 9-43, 2002.

SANTOS, Boaventura de Sousa. *The Rise of the Global Left*. Londres: Zed Books, 2006.

SANTOS, Boaventura de Sousa. Beyond Abyssal Thinking: From Global Lines to Ecologies of Knowledges. *Review*, v. 30, p. 45-89, 2007.

SANTOS, Boaventura de Sousa. A filosofia à venda, a douta ignorância e a aposta de Pascal. *Revista Crítica de Ciências Sociais*, v. 80, p. 11-43, 2008.

SANTOS, Boaventura de Sousa. *Portugal: ensaio contra a autoflagelação*. São Paulo: Cortez Editora, 2013.

SANTOS, Boaventura de Sousa. *Se Deus fosse um ativista dos direitos humanos*. São Paulo: Cortez Editora, 2013.

SANTOS, Boaventura de Sousa. *Epistemologies of the South: Justice against Epistemicide*. Nova York: Routledge, 2014.

SANTOS, Boaventura de Sousa. *Decolonising the University. The Challenge of Deep Cognitive Justice.* Newcastle upon Tyne: Cambridge Scholars Publishing, 2017.

SANTOS, Boaventura de Sousa. Para uma nova visão da Europa: aprender com o Sul. In: SANTOS, Boaventura de Sousa; MENDES, José Manuel (Orgs.). *Demodiversidade: imaginar novas possibilidades democráticas.* Belo Horizonte: Autêntica, 2018. p. 51-72.

SANTOS, Boaventura de Sousa. *O fim do império cognitivo: a afirmação das epistemologias do Sul.* Belo Horizonte: Autêntica, 2019.

SANTOS, Boaventura de Sousa. *O futuro começa agora: da pandemia à utopia.* São Paulo: Boitempo, 2021.

SAYYID, Salman. *Reclaiming the Caliphate: Decolonization and World Order.* Londres: C. Hurst & Co., 2014.

SCOTT, James. *Weapons of the Weak: Everyday Forms of Peasant Resistance.* New Haven: Yale University Press, 1985.

SENGHOR, Léopold. *Nation et voie africaine du socialisme.* Paris: Presence Africaine, 1961.

SHANIN, Teodor. *Late Marx and the Russian Road. Marx and the Peripheries of Capitalism.* Londres: Verso, 2018.

SHARIATI, Ali. *On the Sociology of Islam.* Berkeley: Mizan, 1979.

SHIVJI, Issa G. *The Concept of Human Rights in Africa.* Dakar: Codesria, 1989.

SOW, Fatou. *La recherche féministe francofone: langue, identités et enjeux.* Paris: Karthala, 2009.

SPIVAK, Gayatri C. Can the Subaltern Speak?. In: NELSON, Cary; GROSSBERG, Lawrence (Eds.). *Marxism and the Interpretation of Culture.* Urbana: University of Illinois Press, 1988. p. 271-314. [Edição brasileira: *Pode o subalterno falar?*. Tradução de Sandra Regina Goulart Almeida, Marcos Pereira Feitosa e André Pereira. Belo Horizonte: Editora UFMG, 2010.]

SPIVAK, Gayatri C. *In Other Worlds: Essays in Cultural Politics.* Londres: Methuen, 1987.

STAVENHAGEN, Rodolfo. Class, Colonialism, and Acculturation. In: HOROWITZ, Irving L. (Ed.). *Masses in Latin America.* Nova York: Oxford University Press, 1970. p. 235-288.

SUBRAHMANYAM, Sanjay. Historias conectadas: notas para una reconfiguración de Eurasia en la modernidad temprana. In: LIEBERMAN, Victor (Ed.). *Beyond Binary Histories: Re-imagining Eurasia to c. 1830*. Ann Arbor: The University of Michigan Press, 1999. p. 289-316.

SUSEN, Simon. *Sociology in the Twenty-First Century: Key Trends, Debates, and Challenges*. Basingstoke: Palgrave Macmillan, 2020.

TADESSE, Zenebework. *Gender and Economic Policy*. Adis Abeba: Forum for Social Studies, 2003.

TAGORE, Rabindranath. Appendix II: Note on the Meaning of Reality. In: TAGORE, Rabindranath. *The Religion of Man: Being the Hibbert Lectures for 1930*. Londres: Beacon Press, 1961. p. 222-225. [Edição em espanhol: *La religión del hombre*. Tradução de Rafael Cansino Assens. [S. l.]: Arca, 1968.]

TAGORE, Rabindranath. (1913). *Sādhanā: The Realisation of Life*. Londres: MacMillan, 1954.

THERBORN, Göran. Entangled Modernities. *European Journal of Social Theory*, v. 6, n. 3, p. 293-305, 2003.

VERGÈS, Françoise. *Um feminismo decolonial*. São Paulo: Ubu, 2020.

VISVANATHAN, Shiv. *A Carnival for Science: Essays on Science, Technology and Development*. Délhi: Oxford University Press, 1997.

WALSH, Catherine. *Interculturalidad, Estado, Sociedad: Luchas (de) coloniales de nuestra época*. Quito: Ediciones Abya-Yala, 2009.

WIREDU, Kwasi. Toward Decolonizing African Philosophy and Religion. *African Studies Quarterly*, v. 1, n. 4, p. 17-46, 1998.

WYNTER, Sylvia. Unsettling the Coloniality of Being/Power/Truth/Freedom: Towards the Human, after Man, Its Overrepresentation – An Argument. *CR: The New Centennial Review*, v. 3, n. 3, p. 257-337, 2003.

Este livro foi composto com tipografia Adobe Garamond Pro e impresso em papel Off-White 80 g/m² na Formato Artes Gráficas para as editoras Autêntica e Boitempo em novembro de 2022, com tiragem de 4 mil exemplares.